爱情急救手册

陆 琪◎著

北方妇女儿童出版社

图书在版编目（CIP）数据

爱情急救手册 / 陆琪著. —长春：北方妇女儿童出版社，2013.2

ISBN 978-7-5385-7283-4

Ⅰ.①爱… Ⅱ.①陆… Ⅲ.①爱情—通俗读物 Ⅳ.①C913.1-49

中国版本图书馆CIP数据核字(2013)第021618号

爱情急救手册

作　　者	陆　琪
出 版 人	李文学
责任编辑	李少伟　熊晓君
装帧设计	张　志
版式设计	刘碧微
开　　本	635mm×965mm　1/16
字　　数	153千字
印　　张	15
版　　次	2013年2月第1版
印　　次	2013年2月第1次印刷

出　　版	北方妇女儿童出版社
发　　行	北方妇女儿童出版社
地　　址	长春市人民大街4646号 邮编：130021
电　　话	总编办：0431-85644803 发行科：0431-85640624
网　　址	http://www.bfes.cn
印　　刷	三河市航远印刷有限公司

ISBN 978-7-5385-7283-4　　**定 价：** 29.80元

Contents

目录

因何而写

为什么会写这么一本书呢？

我每年都会做一次全国的巡回讲座，在每个城市，我都会召集一个“失恋互助小组”。七八个刚刚失恋的女孩坐在一起，讲述自己的悲伤故事。

每个悲伤的人，其实都有自己不同的问题。刚开始，可能只是一个很小的征兆，但没有理会，也不知道怎么处理，于是问题越来越大，最后变成了一个巨大的麻烦。

许多的悲剧，都是因此而来的。

我每天会收到几十封邮件，上百条求助私信。陆琪牌吐槽这个微博账号里，也会收到几百条求助信息。完全没有办法一一回复。

想要帮助人，这就是我写书的原因。

其实很多事情，在源头上都是同一个问题，只要把这个问题解决掉了，之后也许是一顺百顺。

在之前的两本情感书里，我写的更多的，是面对爱情时的价值观，以及我们所应该持有的态度。

而在这一本书里，却要真正面对确确实实的问题。

女人或者男人在感情里会遇到的问题，其实大致相同。

没有对象怎么办?

父母逼婚怎么办?

不懂约会怎么办?

相亲时应该怎么办?

失恋了怎么办?

吵架了该怎么办?

暗恋该怎么办?

爱人出轨了该怎么办?

异地恋该怎么办?

这些问题最常见，也最难解决。

所以我用整整一本书的篇幅，把这些问题给掰碎了，扯开了，几乎是手把手地告诉大家，该如何做，才能真正的去解决。

写这本书唯一的目的，就是希望等到下次再去那些城市时，流泪的女孩会少一些。

哪怕会少一个呢。

我写书的目的，是希望有一天，大家都不再需要看我写的书。

有微笑，没有眼泪。

陆琪

2013年1月31日

于小存斋

一、剩女（剩男）急救手册

失恋痛苦怎么办？请看失恋急救手册·嫁不出去怎么办？请看剩女急救手册·父母逼婚怎么办？请看逼婚急救手册·相亲尴尬怎么办？请看相亲急救手册·不懂表白怎么办？请看暗恋急救手册·约会没经验怎么办？请看约会急救手册·情侣常吵架怎么办？请看吵架急救手册·爱人出轨了怎么办？请看出轨急救手册·分居异地怎么办？请看异地恋急救手册

❶ 被剩下的原因大起底，你还有救哦

最讨厌别人说剩女、剩男这两个词了。

每个人都有恋爱和结婚的自主权，如果有合适的，每天都可以结婚；如果没有合适的，就算几年不嫁不恋爱也是正常的。

凭什么别人说是剩女，就一定是剩女啊？难不成为了这个称号，就要随便找个人嫁了，随便找个人娶了吗？

之前的书里就写过，剩女只不过是社会规范下的歧视。整个社会觉得女人应该在二十八岁前结婚，所以，到这个年纪还没有结婚的人，无论你有什么原因，无论你好不好，都会被武断地下这个定义。

所以，我们不要因为别人这么称呼，有这样的歧视而自怨自艾，而是思考自己真正应该关注的是什么。

你没有被剩下，但你有没有被剩下的心态？

什么是被剩下的心态呢？我之前在微博上曾写过，所有被剩下的人，无论男女，原因都只有五个：

死宅、过分完美主义、善于拒绝、忘不掉前任、过于激进。

死宅就是不出门很难见到人，而见不到人就遇不到合适的目标，没目标自然就没有恋爱对象。

完美主义就是要求高，你的要求高到世界上没人配得上你，自然不可能有人爱。

善于拒绝的人则更夸张，别人还没怎么着呢，她已经先一口拒绝了。请问，连认识的机会都不给别人，你怎么知道不合适？很多人不是没目标，而是目标都被她拒绝完了。

忘不掉前任就更傻了。一段感情已经过去，却始终沉溺其中，造词以为忘不了从前的人，就不可能开始新的恋爱，那你一辈子忘不掉就一辈子单着吗？

最可怜的是那群太激进的人，到处说自己要嫁人，要别人给介绍。可却不知道，越是着急嫁人的，别人就越不敢介绍，生怕会添麻烦。

以上的五种剩之心态，在之前的两本书《婚姻是女人一辈子的事》和《爱要深，心要狠，幸福不能等》中都有详细介绍，这里不多说了。

我们今天要讲讲，关于剩女存在的社会客观原因。

其实在中产阶级陆续成为主流的国家里，大城市中总是有许多的剩女。美国到四十岁尚没有结婚的女人，大概有两千万，而在未来几年里，我们国家会远远超过这个数字。

为什么呢？

因为女孩嫁人，往往要嫁一个审美观、价值观不低于自己的人，也就是感觉、品位、条件都要相符的才好。

而城市中，白领阶层里的男女比例接近于1∶2，也就是说，如果你是城里的白领，那么面临的窘境就是两个女人抢一个男人。

这是客观现实，也是我们面临的最大困境，区域性的性别数量不均衡，导致好大一部分人被剩下。

被剩下的最后一个根本的原因，和爱情有关，就是你在谈一场遥遥无期、漫无目的的恋爱。

许多人不是没恋情，甚至还爱得很深，有的还在谈异地恋或者长时间的苦恋。

但问题是，你们谈恋爱的目的是什么？

你是为爱而爱，还是为了找个一辈子的伴侣？你是只想过眼前的每一天，还是想要个结果？

许多人的问题就是，只知现在，不知将来；只知要，却不知结果。

谈了十年八年的恋爱，谈到快三十岁，然后分手，请问，你还能找到比当初更好的伴侣吗？

为了一段不靠谱的异地恋，就投入人生中最珍贵的四五年时间，你以为自己是为爱而等待，实际上却浪费了机会成本。

女人最昂贵的，不是美貌，而是青春。你把青春填进一段毫无结果的爱情，这不是对自己的不负责任吗？

年轻的时候，我们确实可以按照自己的喜好去爱，那是为了了解什么适合，什么不适合。所有不对的爱情，都要及时地止损，并且从中学到东西。

你为爱情付出一年青春两年青春，甚至三年都正常，但如果明知没有结果，还要花那么大的代价进去，那就是愚蠢了。

我们会为爱而犯傻，但不要一直犯傻下去。

以上所见，剩女的心态、社会客观原因以及为爱犯傻，是形成剩男剩女的主要原因。

这本书写的是急救手册，我们的目标是解决问题。如果你喜欢一个人单一辈子，那接下来的内容无须看，直接跳入下一章节即可。

但如果想结束自己的单身状况，那么接下来，我们要讲讲具体的实际操作方法。

注意咯，这本书不是一本只讲道理的书，大道理在前几本都讲得差不多了，这次，我们直接来实际的执行指南。

❷出去？去哪儿

每个人都有自己的故事，而把所有人的故事叠加在一起，或许有很多都是重合的。在这本书里，就有这么一个重合了大家故事的小人物、小女孩，我们姑且叫她小莲。

小莲是与你们差不多的姑娘，二十多岁，离三十还有几年，却也抬脚就到。小莲是乖乖女，读书时家长不让谈恋爱，也就没谈成。毕业出来后找了份工作安安稳稳的，每天除了上下班和朋友吃饭外，就是宅在家里，看看网络视频，刷微博，看漫画和小说。

可以说，这是最普通和常见的宅女。

但家长们都是很奇怪的，读书时严防死守着不让你谈恋爱，等出了校门死活要你立刻带男人回家。

谈恋爱属于技术活，哪是想带就能带回家的。小莲天天被催，母亲甚至都把剩女挂在嘴上，看《非诚勿扰》的时候要说一次，看新闻的时候也要说一次，恨不得把小莲挂网上出售了。

哪个少女不怀春呢？小莲也想赶紧找个人谈谈恋爱，但她就是找不到啊。原因没别的，只是宅而已。

所以，全世界的人给她的答案都一样，要走出去。

走出去？一个有工作的宅女，每天绝大部分的时间都是在外面，在家也许只有八小时左右，这还不算出去吗？每个礼拜都要和闺蜜们吃饭唱歌，甚至要去酒吧，这还不算出去吗？就算要出去，可是去哪儿？去做什么？

所以，小莲和我们一样，遇到了一个哲学性的问题。

和谁出去？去做什么？去哪儿？

大家平时都和谁一起出去玩？大概有九成姑娘都会说，和闺蜜呀。所以就形成了一个奇怪的现象。

我们总是和同一群人去同一个地方做同一件事情。

但如果你在这群人里能找到男人的话，岂不是早就在一起了？还需要一再地重复重复重复吗？

和闺蜜们出去，是一件令人愉快的事情。但并不是一件可以令你嫁出去的事情。

因为你时刻要记住，你和别的剩女并不是一个战壕里的战友，而是敌人，你们的目标都是一样的。你需要好男人的同时，她们也需要好男人。

所以，平时的好朋友，在特定时刻会变成对手，你天天和对手混，是一种同归于尽的做法。

和谁出去的问题，其实我一再地强调，如果你只是休闲，只是想放轻松，那就和女孩出去，和闺蜜出去。

但如果是有目的性的，想要恋爱，想要结识新的目标，那就要和陌生人出去，和自己固有圈子之外的人出去，要和异性出去。

千万别觉得，和不认识的人在一起没意思。小莲一开始也是这样想，觉得只有和朋友在一起才轻松好玩，而在陌生人面前压根没话说。

一年这样，两年这样，三年还这样。

然后小莲发现，当母亲让她找男朋友的时候，她根本就没有目标。因为能认识的男人，要么成闺蜜的男友了，要么早就成哥们了，而几年里都难得有新人加入自己的圈子。

怎么办？

我给她的方法是，每个礼拜都去认识一个新朋友。这不是尽量，也不是建议，而是治疗方法。

所谓的治疗方法，就是要强迫去做的事情，而不是想做就做，不想做就不做。只有认识了新鲜的男人，才可以有新的目标，就算这个人并不适合你，但却可以为你打开一个全新的交际圈。

你怎么知道他没有一个从国外留学回来高富帅的单身表哥呢？

机会，都是靠撞出来的。

那么，怎样才能认识新鲜的男人呢？

这才是小莲遇到的最大问题。这几年的宅，已经令她丢失了几乎所有扩展交际圈的手段，似乎除了工作伙伴和闺蜜之外，再也没可能认识人。如果真的要结识新的男人，难道只有靠父母介绍相亲吗？

当然不是！其实，认识新朋友，加入新的交际圈有很多办法，你不去做，只是拉不下面子，或者懒而已。

人什么都有得救，只有懒是没得救的。

去哪儿呢？

不要去你熟悉的地方，因为那里都是你的熟人，认识陌生人的概率是零。像小莲这样一空下来没地方去，要么宅家里，要么去公司加班的，能结识人就有鬼了。

一定要去陌生的、安全的和开放式的活动场所。如果你是一个人跑去看电影，那也铁定认识不了好男人，因为那是一个密闭幽暗的空间，大家各看各的，不会想着互相结识。

所以很多姑娘以为独自看电影是件孤寂可怜的事情，其实并没有人来欣赏你的可怜。

什么是有效的方法？

小莲的一个同事，也是个孤零零没人陪的，又喜欢听音乐。正好有西湖音乐节，若是换了小莲，可能就约几个姐妹一起去，约不到人就肯定不去了。

但这个同事却大着胆子自己去了。而她一个漂亮姑娘，单独出现在一个开放式的派对里面，自然引得大批人前来搭讪，很快，就找了个帅哥谈恋爱。

你也许喜欢安静，不喜欢热闹，那么，可以去看一些艺术展览。

你也许喜欢知识，不喜欢艺术，那么，可以去听一些讲座。

重点是什么？重点在于你得经常一个人活动，不要一群人出发。如果你带一个男人出去，那么绝不会有人来和你结识。如果你带一个女孩出去，你被关注的概率会少一大半。

单身不只是一种生活，更是一种标志。你要告诉别人自己单身，是空窗，要打开门，展现在别人的面前。

TIPS：同城交友网站列表

新浪微博同城活动 http://t.cn/hgEdwz

豆瓣同城活动 http://t.cn/hBmcTy

口碑吃喝同城活动 http://t.cn/hos0o

城市达人 http://t.cn/hY90e

❸ 我的男人（姑娘）究竟在哪儿？他们就在那儿

小莲有一个闺蜜，刚开始也是不认识人，交际圈狭窄，不知道该怎么办。后来有高人给她出点子，于是这个闺蜜就找了本地一家著名的IT企业，混进了他们技术部门内部群。

结果可想而知。在一百多个技术宅男中间，居然出现了一个娇滴滴的少女，当然会引起轰动。而且这女孩经常会请教一些狗屁不通的电脑常识，引得一群宅男把她当成了公主和女神。

再加上她比较会做照片，经常在群里发一些自己PS过的图片，更是引得众人狂追。后来这闺蜜嫁给了那公司的高级技术人员，虽然是打工的，但年薪亦有百万，而且人年轻，对老婆又好，算是嫁得非常好了。

由此可见，就算是女多男少的城市里，也会有一些群落是男生偏多的，尤其是技术类、IT类、工程类，等等。

有些建筑设计院里，大把的单身男人，都是在学校里读本科、读研究生、读博士，上班后就知道画图纸，老实，有事业，但因为除了工作就是回家，也有很多找不到女朋友。

像这种男人聚集的群落，只要你能混进去，打开的不只是交际圈，还能够让你学到更多的东西。

你要记住，不同的男人在不同的群体里，根据自己的情况选择正确的圈子很重要。

IT人是有论坛和QQ群的，建筑师是有同学会的。

年纪小、有钱、帅气的富二代，都在超跑俱乐部里；最帅的那群男人都在模特圈里。

而年纪大一点的男人呢？红酒会、养马俱乐部、喝茶会、收藏群，等等。

其中绝大部分的俱乐部（除了富二代的圈子之外），都是男人的天下，甚少有女人，就算有，也是他们早已熟识的，所以，当你作为一个新人进入时，必然会受到欢迎。

小莲受到同事和闺蜜的启发，也打算要混圈子。怎么做呢？其实很简单，你只需要去学一样男人喜欢，尤其是你想要找的男人喜欢的兴趣爱好就可以了。

譬如有人想要找技术宅，就学着去玩WOW。而有人想找个旅游爱好者，就跟着一起去驴行。

小莲喜静，想找个安静的又有文化底蕴的男人。她不喜欢技术宅，也不喜欢旅行，更不喜欢开着跑车到处飙车的人。

那我们来分析下，红酒会的有钱老男人多，但都偏浮夸；富二代肯定是出局了；养马俱乐部的人酷爱户外活动；玩收藏的人似乎年纪偏大。

算来算去，只有喝茶这个爱好可以作为主攻方向。

女孩有时候也喝茶，但都是喝花茶、袋泡茶甚至是奶茶。而中国真正的喝茶文化，热爱的基本上都是男人，而且都是一些层次颇高的男人，他们大多处于社会的中上阶层，譬如学者、艺术家、企业家，等等。

这些人中，大部分自然已经结婚或者有良伴了，但却都有子侄辈，也愿意为看得上的姑娘解决问题。

也有女孩去学茶道，觉得这就是混喝茶圈子的方式，实则大错。你永远要记住，进入任何一个圈子，都不是去学这个圈子伺候人的方法。

茶道也好，香道也好，都是服务于人的，真正混圈子的方法不是去服务别人，伺候别人，而是去享受，去接受服务。

也就是说，你混喝茶圈的时候，要学喝茶，而不要学泡茶；混香道圈的时候，要学闻香，而不是香道；混跑马圈的时候，要学会骑马，而不是养马；混红酒圈的时候，要学会喝酒，而不是伺酒。

你不是去赚钱的，你是去扩大交际圈的，大家都愿意和一个志同道合的人交朋友，但不会和伺候自己的人交朋友。

小莲在我的指导下，先找了几个以喝茶为专业的论坛，在上面看了几天，学了几天后，终于开始发问。

这里需要注意哦，不管你混什么圈子，都必须要明确一点，就是不要沉默，但也不要扮专家。

如果你一味地沉默，那么，没有人注意到你，也就白发展这个爱好了。但如果扮专家，又徒增讨厌，不会给人留下好印象。

最好的办法，是以学生的姿态，多提问，多学习，让人看到你，又愿意来帮助你。低调却又高调，这是女孩混一切圈子的好方法。

小莲在这个论坛提了几次问题之后，果然引起了不少人的注意，当下就有本地圈子向她发出邀请，一起来茶聚。

这就是一个关键的节点了。

对宅女来说，如果有一个圈子聚会的邀约，而你几乎一个人都不认识，会去吗？绝大部分宅女都不会去，机会就白白地错过了。

在确保安全的情况下，当然要去。网上的交际再多也是空的，一定要发展到现实生活里，才是实实在在的。

一番心理挣扎之后，小莲终于去了这次茶聚。说实话，这不去不知道，一去开了眼界。她确实学到了很多的东西，也认识了一大群很厉害的人。

不过小莲还是有些失望，为什么呢？因为这次见到的人，基本上都已经结婚了，有大哥级别的，有大叔级别的，甚至还有爷爷级别的。虽然她学到了东西，甚至别人还现场画了个画给她，但对于想找男朋友的小莲来说，目标并没有达成。

许多人也会努力去尝试，可尝试到这一步时就会放弃。但这是最可惜的。因为我一直在说，寻找对象和扩大交际圈，是一个六度空间概念，不是你接触到第一层就结束的，而是看接下来的交际拓展。

经过了初次见面后，小莲因为自己的恬静和优雅而被这个圈子的人接受，接下来好几次活动都叫上了她，甚至一些饭局、聚会、唱歌都会请小莲去玩，她就认识了不少的朋友。

当然，这时候切切要注意一点，你是去找男朋友，找未来老公的，而不是找一段没有结果的爱情。

必然会有已经结婚的男人来勾搭你，而且还是明目张胆地、毫不避讳地勾搭你。一定要稳得住，告诉所有人，你是正正经经地找男人结婚的。只要你自己把位子摆得正，没有丝毫暧昧的余地，所有人都会把你的事当成一件正经事来考虑。

这也是过三关呀。小莲认识了一大群高端的男人，并且拒绝了这些男人的挑逗勾引，最后他们才会正式把小莲当作平等的朋友，并替她解决问题。

大概过了几个月，一次不经意间完成了相亲。小莲起初还以为是普通的茶聚呢，可来的人都怪怪的，还有一个未曾见过的年轻男孩。

后来才知道，原来他就是当初那个画家的侄子，也是单身，因为工作忙而没有时间认识女孩子，那画家刚好想到了小莲，几番游说下，果然来了一次悄没声息的相亲。

没想到相亲的结果极好，男孩和男孩的母亲都喜欢小莲，而爱茶喝茶的样子更是给她加了很多分。而那个男生是从国外留学回来的，家里书香门第更是条件甚佳，小莲初一接触，感觉这个男生还是不错的，于是便同意了交往。

从小莲这个案例中，我们可以看出来，为什么这世界上有的人交际广阔，要做什么事都可以。而有的人却一筹莫展，连个对象也没有呢？

原因很简单，不是没有，而是懒惰。你不愿意让自己增加技能，不愿意去拓展交际圈，当然没有办法。做人只要够勤快，只要你愿意，就没有什么做不到的。

TIPS：以上所说的只是小莲的一个案例哦，现实生活中，可以做的事情有很多，譬如画画、摄影、品酒、咖啡、音乐、书法、瓷器、划船、潜水，等等。圈子很多，技能也很多，选择自己可以做的，选择自己适合的目标群体，不要一窝蜂地都去喝茶哦。

❹ 找不到好男人的三大原因

小莲在还没有找到男朋友之前，曾和闺蜜、同事讨论过一个问题。

那就是为什么找不到好男人。

她们这群女孩，都是极好的。正正经经地工作，勤勤勉勉地赚钱，也是有文化有学识，性情也善良，平日里也有不少挺好的爱好。样子呢？虽然不妖艳，但也是很好看的。

自然和模特演员不能比，但打扮起来却也能见人，无论走到哪里都可以有些回头率。

这样的好姑娘，为什么就找不到正儿八经的好男人呢？凭什么别人就能找到？

这个别人，或许还不是那些长相妖艳、走路随风摆柳的姑娘。小莲的一个高中同学，都没上过几年学，早早地工作，却也早早地嫁人了，现在老公开着公司，她自己开着宝马带着保姆来来去去，那次同学会，可是炫耀了半天。

好姑娘、漂亮的姑娘、有学识的姑娘、坚强的姑娘，却不一定能找到好男人。反倒是那些普通的，也没什么特别的，甚至好吃懒做的，往往都霸占着一个挺好的男人。

以后出不出轨、离不离婚是另外一回事，总而言之，人家有了，你还没有。

这是为什么？

常有人说，这个世上好男人都死绝了。是这样吗？当然不是。当一件东西别人有而你没有时，那他并没有死绝，只不过比较珍贵。你得不到珍贵的东西，当然是自己有问题。

这个问题就是，**你只努力让自己变好，却没有努力得到那个珍贵的东西。因为就算你再好，好男人也不会主动掉到头上，有时候，自己好是一回事，而花工夫去得到是另外一回事。**

在这个世界上，好男人的数量并不少，那些好男人，可以保持忠诚，可以赚钱养家，甚至学识、见识、阅历各方面都还可以。

而你找不到好男人的原因，一般只有三个：

A. 你下手不够快。

根据我们的调查发现，绝大部分的好男人都会在前两次左右的恋爱时被搞定结婚，因为他们够好够忠诚，所以几乎一谈恋爱就会结婚，那么尽早和好男人谈恋爱的就占了大便宜。

小莲的高中同学就是这个状况。她虽然没有上大学，但高中毕业后就谈朋友，迅速地结婚。而那个男人也差不多的学历，一直打拼做生意。过几年后，男人发达了，众人自然夸他妻子会找潜力股，其实，只不过是手快而已。

现在到处都在说剩男剩女，但其实剩女多，剩男少。有女儿的父母们忧愁万分，各种法子都用上了。以前是不许小孩读书时候谈恋爱，现在读大学时都有让女儿赶紧先结婚的。

在大量的案例中我们发现，大学时候谈恋爱的稳定性并不高，但在大学毕业后的两年之内谈男朋友，并且结婚的，生活的稳定度非常高。

男人的人生最低谷是二十八岁左右，在这个时间阶段，无论是事业、金钱、感情都处于人生最低的时期，所以大部分男生都会在三十岁之前结婚，被人抓住。不管是潜力股还是普通股，在这个时期都会被手快的人抢走。

大学毕业你不谈，年轻时不谈，到三十岁再谈有什么用？

三十岁没结婚的男人，要么极品好，要么极品差。

所以，手快有，手慢无。

B.你看不懂男人的好，好男人不会样样都好。

有些女孩的眼光高，条件多，她们所要的男生是百分之百的好男人，几乎要完美无缺。有些女孩找对象总是说自己没任何条件，只要是个男人就好。但你细问她吧，不忠行吗？摇头。丑行吗？摇头。穷行吗？摇头。软弱没骨气行吗？摇头。不温柔行吗？摇头。没时间陪你行吗？摇头……你这叫没要求吗？你一个要求都没落下啊。所以，与其说随便，还不如大大方方谈条件。

但我想要对女孩们说的是，这个世界上没有毫无缺点的人，也没有毫无优点的人。同一个男人拿出来，必然有一半人说好，一半人说坏，这世上从不会有相同的意见。

男人好不好，不是看别人怎么说，而是看你自己的需求。你想要什么优点，而对方正好有，那就是好。你想要的对方没有，

哪怕这个人有一堆的优点，也不适合你。

而人总归是会有缺点的。

有忠诚就不会谈恋爱，有听话就不太会挣钱，有陪伴就很难有事业。你想要什么，就会失去什么。别什么都要，选最需要的。能一辈子舒服，才是最好的。

C.也许是你自己不够好。

有些人的要求特别高，要高富帅，要不花心，要有事业心有责任心，最好还能孝顺，对孩子好，能做家务更好。

这样的男人全世界或者只有几个，请问你有什么才能让他们青睐于你呢？我经常说一句话，现代社会要求的不是物质上的门当户对，而是精神上的门当户对。你找个适合你的，价值观和审美观接近的男人就好了，不要逾越自己的条件，去妄想什么白马王子。

而更重要的是，应该增强自我修养，当你的内心更加丰富，则能让人眼前一亮。

譬如小莲就是个很好的例子。她去学习喝茶，并不只是拓展了交际圈，也的确学到了东西，修养了自身，也给自己加了很多的分数。

所以，想找到好男人的最终方法，就是有足够多吸引男人的优点。

譬如优雅，譬如内涵，譬如美而不艳俗。

总而言之要记住，好男人一定有的，首先要手快，其次要眼准，最后要内秀。

❺ 最后的秘诀，轻易不告诉别人哦

你知道男人最喜欢的是什么类型的女人吗？

并非浓妆艳抹、烟视媚行的性感女子，也不是学富五车的读书人，更不是满头油烟的黄脸婆。

男人最喜欢会装的女子。

这些女子呢，她们外表确实都很靓丽，但也许并非天生丽质，而是修饰比较重，会化淡妆，穿着得体，该露的地方露，不该露的地方不露。

只是外表靓丽其实还不够，她们还会娇羞，让人感觉到她们并非性格奔放，也不是那么好追求的。

男人喜欢女神，何谓女神？好看而只能看，看得到吃不到的才是女神。

既有靓丽的外表，又有娇羞的性格，更看起来没那么好接近的，才是男人的最爱。

我其实并不赞成女孩伪装，但我们可以从这类所谓的“女神”身上学到一些东西：

A. 要学会装扮。

我经常告诉女孩子，大学一毕业就必须去找个白领化妆班补习一下，一千块钱的事情，几天工夫就能学会，却可以让你受益一生。

化妆并不是你想象中那么坏的，有时候一点点的淡妆，不仅不是伪装，还是对别人的尊重。在相应的场合用相应的妆容，是一种自我提升的最好方法。

五分钟的化妆，效果好过读五年书，什么是捷径？这就是捷径。

B. 你可以不伪装，但至少别那么奔放。

许多女孩子性格直爽，和人交往不加避讳，有时候看得顺眼就全心扑上，看不顺眼就完全不搭理。这种女孩子，必然人缘很好，但往往哥们多爱人少，有时候认识男人不少，但全是兄弟。

你看男人喜欢和奔放的女生搭讪，但真的要娶，却还是会娶那些羞答答的，这是中国男权思想的必然，是一种社会趋势。

所以，不管你喜欢一个人还是讨厌一个人，都尽可能地保持住矜持，可以不伪装，但也别奔放。

C. “女神”在于勾引而不是勾搭。

许多女孩不懂所谓“女神”的技巧，看上一个男人就勇于追求。勇敢是对的，但方法错了。上面就告诉你，在看到男人的时候，不要那么奔放，一奔放就把人给吓跑了。但过分羞答答，完全不靠上去，自然也是错过了机会。

这个度应该怎么把握呢？

这就是勾引和勾搭的区别。当你打扮得漂漂亮亮出现在别人面前时，已经是一种诱惑，你所需要做的，就是让自己的诱惑足够大。如果不够大，就学习下怎么包装。

而勾搭的事情，就交给男人来办吧。

相信我，男人对于主动送上门的，都是吃完了就没兴趣。让他付出的代价越高，难度越大，他就越开心。

二、逼婚急救手册

失恋痛苦怎么办？　　请看失恋急救手册·嫁不出去怎么办？　请看剩女急救手册·父母逼婚怎么办？请看逼婚急救手册·相亲尴尬怎么办？请看相亲急救手册·不懂表白怎么办？请看暗恋急救手册·约会没经验怎么办？请看约会急救手册·情侣常吵架怎么办？请看吵架急救手册·爱人出轨了怎么办？请看出轨急救手册·分居异地怎么办？请看异地恋急救手册

❶ 逼婚是正常的，不逼婚的都是捡来的

小莲开始谈恋爱了，这恋爱谈得风轻云淡，并没有什么惊心动魄的场面，也就是每个礼拜吃吃饭啊，看看电影啊什么的，隔了一个多月才发展到手拉手肩并肩、小小拥抱一下的程度。

虽然进展缓慢，但小莲觉得这样更加舒服，因为结婚这件事情毕竟要从长计议，只有想好了，想明白了，知道谁适合谁不适合，这才能走到最后。

两个小孩慢慢来，完全不着急，可是父母们却是急坏了。

小莲第一次去男朋友家吃饭，男方父母就已经提及结婚的事情，当时是被她敷衍了过去。但之后每次见到男朋友的母亲，都会被问什么时候结婚，这让小莲烦不胜烦。

男方家是这样，小莲的父母更是着急上火。这当剩女的几年里，小莲的母亲已经花招百出地让她相亲，让她去找对象，现在

总算是有了男朋友，那还不着急逼婚啊。

这每天吃饭的时候，总是要问上一句两个人关系如何了，发展到什么状况。听父母的意思，是恨不得女儿立刻搬出去跟男朋友同居，最好早早地就住在一起。

这哪里还像是父母说的话？人家都盼着女儿正正经经，不要吃亏，现在倒好，都盼着女儿早点跟男人同居呢。

如果只是这样的话，也就罢了，但随着时间过去，两边父母越来越过分。到最后，居然两边串联在一起，想要越俎代庖，替两个小孩敲定结婚日期。

这下子，小莲和男友两人都颇受不了，和家里面吵了好几架。

小莲一直想不通，为什么父母要那么急，为什么总是要逼她结婚，按常理而论，不是应该保护女儿，小心她上当受骗吗？

其实，小莲的遭遇是很正常的。我经常说一句话，逼婚是正常的，不逼婚的才是捡来的孩子。

这当然是句玩笑话。但为什么亲生儿女却要如此地逼迫呢？

这和整个社会的现状有关。

首先，作为中国的父母，在他们的观念中，对子女是要管理的。中国父母对子女生活的涉入，在全世界范围内都是罕见的。如果让他们不管子女的终身大事，简直难受到极点，甚至他们自己、周围的人都会觉得他们不负责任。

其次，父母的生活经历比较丰富，婚，他们结过一次，看到别人结婚离婚的数量也多，自然经验足，所以当你才开了个头的时候，其实对他们来说，已经可以忽略掉过程了。

你永远要记住，父母是没办法理解你的爱情的，也没办法理解你对婚姻的神圣感。对他们来说，一切爱情的结果就是结婚，那还不如直接结婚。而婚姻这种事情，在他们眼里不过是做伴过日子，千万别去讨论什么婚姻观和爱情观，说不清楚的。

最后，父母其实也是被逼的。现在这个社会的趋势，到处都是剩女，父母心忧女儿嫁不出去。

对女孩本身而言，可能根本不着急，因为她们觉得还可以好好地玩几年，觉得自己也不缺人追求。但父母看来，到了一定年纪之后单身男人几乎销声匿迹，如果不尽快下手就一切都晚了。

在害怕女儿成为剩女的心态下，父母自然会着急。而实际上，他们身边的人会比他们更着急。你的七大姑八大姨会说闲话；邻居会说闲话；他们的朋友会说闲话；他们的同事也会说闲话。

所以你要知道，父母承受的压力，可能比你还大。

其实，所谓的父母逼婚，往往就是因为父母承受不住压力了，所以才把这个压力转嫁到儿女的身上。

所以这件事情要分开来看。

作为子女的，我们不要过分地责怪父母的逼迫，要对他们有足够的理解，所有一切的逼婚，都是因为爱你和关心你，只不过这种爱的表达方式有问题。所以，我们要反对逼迫，但要有一定的技巧，而不要去相互伤害。

而做父母的呢？就算是心里着急，就算是承受很大的压力，就算是天天晚上睡不着觉，但逼婚这件事还是要少做。因为你逼婚往往会有两个副作用：

其一，很可能让你的子女有逆反心理，你越是逼，他（她）越是不愿意找，到最后，就真的变成剩男剩女了。这就是心理学上的逆反现象。

其二，过分逼迫，可能让你的子女所娶（所嫁）非人。你急着让人结婚，可日子过得好不好，真的只有他们自己知道。你逼得紧了，人家真的结婚了，但如果婚后过得不好呢？现在离婚率已经接近于五成，也就是一半人会离婚。你真的愿意让子女急匆匆地结婚然后再离婚吗？

着急是可以的，逼婚是错误的，我们要用别的更和缓的方式去做。

❷ 父母逼婚的方法

其实小莲这还算好的，父母的逼迫不过是处于初级阶段。在别人的家里，甚至还有更可怕的招数。

父母逼婚的花招有哪些呢？知己知彼方能百战百胜，了解下父母将来可能对你用出的各种招数，也好有一个防备。

A.唠叨大法。

唠叨是父母逼婚最常用的方法了，而且这也是循序渐进的。一开始可能偶尔说一下，或者看到新闻时、看到《非诚勿扰》的时候说一下。甚至也不过是平时旁敲侧击，拐弯抹角地说一下。

但如果你油盐不进的话，而父母又开始陆续地着急了，那这个唠叨大法就会自动升级，变成天天说，日日说，吃饭的时候说，你睡觉之前说。

如果你再继续不听的话，那就麻烦了。只要看到你时，他们就会唠叨，一心让你把这些话听进去背下来，非要你按照他们所说的去做不可。

值得注意的是，唠叨其实也属于家庭暴力的一种。家庭暴力有冷暴力、热暴力（动手）、语言暴力，等等。

所以，唠叨也同样具有家庭暴力的特征，就是成瘾性，会逐步地深化发展。

在唠叨刚开始的时候，如果不注意制止，那么必然会一步步地加深状况。如果唠叨还有了效果，那就完蛋了。这会让他们彻底上瘾，以后凡是要你做什么事情都会用唠叨这一招，你越是反抗，就唠叨得越厉害。

所以，对于父母的唠叨，切不可掉以轻心，今日之事小说几句，未来可能没完没了。

B. 撒网跑个量。

如果只是唠叨，那不过是耳朵受罪，但如果父母的实际操作能力强一些，社会交往广泛一点的话，那就会是现实中的磨难了。

最常见的是撒网跑量式逼婚。譬如小莲的姑妈，就是个朋友多人面广的人物。她自己有个女儿，过了二十六岁还没有结婚，姑妈顿时急了，撒开网要求各方朋友帮忙介绍。

这下可好了，小莲的表妹再也没有自己的业余时间，一个礼拜要去相亲三四次，每次见的人层次不同、工作不同，甚至还有国籍不同的。

不得不佩服姑妈的能量够大，就这种高密度的相亲，居然持续了整整半年时间，而且还不带重样的。

有次小莲陪着表妹去相亲，乍一眼看到个黑人老外，两人简直是哭笑不得。就算是着急相亲，要跑量，至少国籍种族得搞明白啊。但有时候，父母着急起来，确实顾不上那么多，他们也极少有自己认识的目标，大部分都是朋友亲戚隔了好几层的介绍，所以其实并不熟悉，甚至连基本情况都不知道。

但父母们通常都有个心态，每当他们给你介绍个人相亲的时候，都会希望成功，若是不成功，则会怪你眼光太高，或者太挑剔。

所以，如果你已经进入了父母为你介绍相亲的阶段，请一定要注意，首先，自己必须有个硬性的条件，譬如国籍、文化水平、身高、地域，等等，否则很可能会一锅烩。

然后，如果你真的看不上对方，回家之后请尽量把对方说得极品一点，让父母也死了这条心，要不然，这接下来的唠叨也够你喝一壶的。

相亲的急救方法在下文里有详述，这里不多说。

C.生米做成熟饭。

其实吧，只是给你介绍相亲对象，这还算是好的。更要命的事情，是父母比较强势，不只是替你介绍对象，而且还选好了目标，不管你喜不喜欢对方，反正他们已经先喜欢了，而且先选好了，如果你不答应，他们就会用各种方法来逼你答应。

小莲的表妹就是其中的受害者。她经历过半年的相亲后，自己一直找不到合适的对象。这时候，小莲的姑妈更加着急，干脆亲自上阵，看了好几个人，终于选定了一个她心仪的人。这是个政府单位捧铁饭碗的，人长得颇高，学历也高，事业稳定，年纪三十有五。

像这样的条件列出来，做父母的几乎没有一个会不答应，个个都觉得是最好的女婿对象，如果不要，简直是走宝了。

但在子女的眼里看起来却不是这样的。父母看家境看工作，做女儿的首先看的是外貌。此男虽高，却胖，胖也就算了，还满脸流油，满脸流油也就算了，还高度近视，戴着厚厚的“瓶盖底”。这也就算了，居然还木讷到连话都说不清楚。

这样的人，如果没有什么特别情结的话，确实挺难让人通过相亲爱上的。小莲的表妹一看之下自然不同意，立刻就拒绝了。

但小莲的姑妈却不依。在她看来，这么好的男人，错过还能去找谁？所以开始更多的干涉，不再给女儿介绍男朋友，到处说自己看上的男人是女儿的男友，隔三岔五地就把对方叫到自己家里吃饭，美其名曰培养感情。

女儿烦不胜烦，母亲却乐此不疲，非要把两个人往一起凑，甚至还带出去见亲戚朋友，这招叫作生米做成熟饭。不管你乐意不乐意，反正先把关系确定了再说。

父母这一招其实都有奇效，因为人心都是肉长的，相处时间长了，多少都会有些感情。而若是对方也不算太差，有时候也就将错就错顺水推舟了。

D.比较大法。

如果以上那些招都不管用，那父母就会使出比较大法，并且配合啰唆，以达到更好的效果。

什么是比较大法呢？就是把他们选择的对象跟别的男人去比，不管什么男人，在他们眼里，都是一堆缺点，而他们选的呢？当然是一堆优点。

要知道，是个人都是有优点的，自然也是有缺点的。而用一个人的优点去和另一个人的缺点比较，以有心害无心，当然是赢了。

譬如小莲的男朋友是有口皆碑地好，但姑妈却用他们选择的男人来比较，说没有人家高，说没有人家胖（什么时候胖也成优点了），说不像人家是吃公家饭的，说没有人家成熟（当然，老嘛）。

这种比较大法，说一次两次或许没用，但禁不住人不断地重复，一句话说多了，就会改变你的价值观和世界观，尤其是一些立场不坚定，主见也不够强的姑娘。

比较大法，就是洗脑大法，用生编硬造的理由一次次地给你洗脑，最后达到他们的目的。

E. 一哭二闹三上吊。

父母的最后一招，就是一哭二闹三上吊，这已经是近乎撒泼打滚的做法了。如果是几十年前，这种做法在家庭里可能比较常见。现在的父母都有些文化，这样的已经比较少了，但还是难免有些极品的父母会用这种手段来逼迫子女。

所谓一哭二闹三上吊，闹和寻死已经少见了，哭确实是做母亲的拿手好戏。若是在你面前悲悲戚戚地哭一场，很少有子女能顶得住压力的。这就是用亲情来做武器，用孝心来做手段，强力逼迫对方听自己的。

上吊之事已经久远，但现在的父母们还有一招，就是装病，各种不舒服啊，气到心脏病发作啊，气得吃不下饭啊，整晚睡不着觉啊。

作为子女，哪有不孝顺不疼爱父母的？平时吵架归吵架，可一旦身体不好，总难免会心软，甚至是退缩。

许多有情人就是因父母的反对而分开，关于这一部分，我会在之后的章节里详细展开并想办法解决。

❸ 逼婚没那么简单，另有险恶用心

小莲眼睁睁地看着表妹被姑妈一步步地逼婚，其实自己也没逃得了。

她的父母和男朋友的父母终于开始联手，两边老人私底下见了一面，相谈甚欢，对子女的拖拖拉拉都很不满意。

两边父母决心用自己的雷厉风行来催促子女结婚。接下来的日子，就成了小莲和她男朋友的噩梦。

每天都有人在耳边唠叨，每天都有电话和短信询问。到最后，父母们居然开始替他们安排注册的日子，安排房子装修，甚至是安排月子医院。

安排月子医院？小莲听到这个消息时，简直吓了一大跳。可再细细地问，父母却还分外得意，原来他们不只是准备了月子医院，连小孩叫什么、几月份生、月嫂都已经盘算好了，母亲都开始编织小孩的衣服了，就等着未来外孙穿。

小莲和男朋友连要不要结婚这件事情都还没有想好，怎么就开始准备小孩的事情了呢？

如果大家有过类似的经历就会发现，其实父母们的逼婚，远没有你想象中那么简单，背后还有一个非常重要的缘由。

作为老人，为子女操劳一生，什么时候才算圆满呢？是要等子女结婚，然后再生完孩子。所谓天伦之乐，就是三世同堂，有小孩，才会让父母满意。

所以说，逼婚其实并没有那么简单，它是一个完整的体系，完整的步骤。

第一阶段：父母催促你找对象，这是整个逼婚体系的第一步。让你感觉到着急，让你明白，未来的人生必须有另一个伴侣。

譬如小莲和她的表妹都受到了父母的压迫，从而被逼着去相亲，去费尽心机地找对象。

这个时候，逼婚都是站在一个人生的高度，站在道德的制高点，就算你再讨厌被逼婚，也很难说人家是错的，因为这都是为你好，也是站在你的立场上考虑问题。

所以，虽然逼婚难受，还是有许多人愿意妥协，但这个妥协，往往是走上了一个固有的模式。

第二阶段：等你有了对象，或者父母帮你找好了对象，那么就会顺理成章地逼你不要继续恋爱，而是尽快结婚。

在这个阶段中，还包括了要求调理身体，要求存钱，要求男方买房，等等。

这时候，你会觉得，父母与子女对于婚姻观念上的差别就充分凸显出来。子女要的是过程，要的是恋爱，是幸福。而父母要的是结果，就是要你结婚，恋爱差不多就可以了。

为什么会有这种观念上的差距呢？就因为大家想要的东西不一样。

对你而言，有爱才有婚姻，结婚是自己未来的生活。而对父母而言，你结婚可能是一桩任务，是必须要完成的，只有做完后才可以松一口气的事情。

所以我经常对人说，什么时候结婚这件事，一定不可以听父母的，而要听自己的。因为只有你才知道谁合适，谁不合适，也只有你才知道日子需要怎么过。你的人生是自己的，不是去完成父母的任务。如果只想帮他们完成这个任务，那还不如在别的地方多孝顺一点。

第三阶段：等结婚以后，你认为没什么可逼了吧，其实父母们并不会善罢甘休，几乎是从你结婚的第一天开始就进入新的阶段，问你什么时候生娃。

没错，一直到这一步，才是逼婚的真正目的。

几乎所有的逼婚，都是从让你们谈对象开始，到生完孩子才结束。你生完了孩子，父母们才会松下一大口气，逼婚大业到此完成。

但如果你抱着先结婚，然后再二人世界玩几年的打算，那就完蛋了。婚前只是逼一个人，现在可是逼两个人，而且那种目光简直就是“如果你能生，就生一个给我看看”的态度，也会有可怜兮兮的“如果现在不生，我以后更老了就没法帮你带啦”的哀求。

总而言之，父母们是用尽各种手段给子女压力，让他们把生育当成工作来完成。

所以小莲也好，抑或其他女孩也好，她们被逼婚的终极原因，还在于繁衍后代的压力。对于父母辈而言，结婚和生育几乎是一体的，而且在他们看来，你结婚后就应该立刻怀孕生子，不然结婚干吗？

在这种情况下，你们就必须明白，逼婚这件事情，已经不是靠你一次次妥协就能解决的。往往是你刚开始妥协去找对象，后来妥协去相亲，再后来被逼不得不结婚，结婚后又不得不尽快生孩子，生完孩子就彻底被套牢。

见过二十岁出头就怀孕生子的姑娘，见过不到二十四岁的父亲，他们的整个人生都在疲于奔命，没有自己的时间。

做人当然是要结婚的，也要繁衍后代。可这毕竟是自己的事情，先把爱情爱明白了，再考虑结婚的事。先把自己过明白了，再考虑生孩子的事情。

所以说，当你遇到逼婚，而又不想随波逐流的时候，就要想办法来推脱父母的逼迫。

❹ 自己做主的秘诀，逼婚不成功大法

怎样才能抵抗父母的逼婚呢？

大家在长期与家人的斗智斗勇中，相信已经总结出了许多的经验，而根据不同的父母，这些经验有时管用，有时不

管用。

但大致上还是有个方向的。首先，你要让焦虑的父母安心。其次，你要学会敷衍和计划。最后，你一定要懂得拒绝。

当父母有一个三部曲逼婚流程等着你时，你也要用相应的三部曲去回应。但要注意，跟父母不要用太硬的态度，孝顺的准则就是，虽然拒绝，但依然让父母保持好心情。

第一阶段：让人安心

父母逼婚的第一阶段是什么？是不断地深化你单身的危机，把你往剩下的方向靠，让你自己也着急起来，最后被逼同意去相亲。

这是父母主动，让你心乱。等你心乱后，就可以走上他们所安排的路。而一旦开始时被安排，就很难逃脱一直被安排的命运。

所以这第一阶段很重要，需要你直接错开父母的轨道，而完全自主地掌握生活。

许多人在面对第一阶段的逼婚时，总是喜欢硬顶，或者冷处理，以为只要不搭理父母的唠叨就能过去。但实际上，只要你的生活没有改变，父母的唠叨是不会停的，甚至还会不断地升级。

所以无论是热战还是冷战，你和父母对抗都无法改变被逼婚的现状，也同样无法改变你自己的现状。

因为你要明白，不管是站在父母、社会还是你自己的人生立场上，长时间地宅、一直不谈恋爱都不算是件正常的事情。你本来就理亏，又如何顶得过呢？

不要顶，而要缓解，在这一阶段，**我开出的药方是：让父母**

安心。

一直宅在家里当剩男剩女，对谁都不太好，这件事情，其实和父母逼迫没什么关系，只和你自己的人生有关。所以为人为己，也需要做出一些改变。只是我们要做的改变，是要在自己掌控中而已。

你要知道，在这个阶段，其实父母要求的并不是你第二天立刻结婚，而只是介意你颓废、被动的态度。他们着急的不是现在，而是未来。

所以重点就在于：**让父母看到你的态度。**

你的态度必须要有些改变，譬如说更多地出去活动，告诉他们有多少人追求你，节假日和情人节多出去约会，偶尔收些花和礼物。

当你不愿意做出任何改变的时候，父母的担心会越来越重，最后会主动出手替你安排。而当你自己已经主动去做，父母就不会再来干涉你，只等着看你的成果。

所以，掌握自己命运的第一步，就是要让爹妈看到你的积极态度，你确实在为了改变自己的命运而努力，确实改变了从前的生活方式，确实有人在追求你，确实在朝着某个目标前进。

你在做，他们就会安心。安心了，就会等待和观察。

而与此同时，你所做的一切也会使你受益。有恋爱谈，总比没有恋爱谈好吧。

第二阶段：敷衍和计划

在第一阶段态度变化后，相信你的生活里，父母的逼迫会慢慢松懈下来，只要你在努力着，他们就不会太过分地来掌控你。

一直到第二阶段的出现，也就是当你有男朋友之后，他们才会非常着急地催促你结婚。

有时候，你都没谈几天恋爱呢，甚至是今天才宣布恋爱，明天就要你结婚了。

所以说，我一向告诉大家，恋爱的初期，变化太大，尽可能不要给家长过多的预期。也就是说，当你刚开始恋爱的时候，可以不隐瞒，但也别高调地立刻带回来给家长看。

这里面有一个心理逻辑。

你在外面有男朋友，有追求者，只要父母没有看到本人，就不会觉得这是必须结婚的，而有很高的宽容度。

可是一旦你把人带回家，父母就会立刻认真起来，把这个人当作你结婚的对象，甚至经常催促你赶紧完婚。

带不带回家正式见父母，这是一条分水岭，千万不要事情还没怎么样呢，就迅速地见家长。

就算见了家长之后，也不要落入父母的节奏当中去。他们一定是立刻问你结婚的计划表，这个时候，就轮到敷衍的态度上场了。

敷衍其实也是有讲究的，它有一个递进的关系。

刚开始，父母并没有那么着急，只是随便地问问，所以你也不用太正经地回答，只需要答“以后再说”，或者“不着急”就可以。如果答得过于认真，或者给了一个时间表，反而坏事。

父母的首次询问，耐心是半年左右，他们会对你的推脱忍耐几个月。如果看你还没有反应，则会继续催促。这次就比较正式，也会问到具体的事项。

一般而言，父母都会吓唬你说，如果不快点结婚，就会被别人抢走（其实也算事实），或者年纪不小了，也应该考虑了，等等。

这次的催逼，就不能用敷衍来应对，如果你再敷衍，老人会觉得你不够成熟，觉得你还不懂得安排，所以会下手替你安排。

这时候，如果你还不想结婚的话，就要用计划来推脱，告诉父母一个大致的时间表，让他们内心有一个盼头。

这个计划可以延长一两年左右，视你的年龄而定。如果你已经三十岁，那就还是别拖了吧。

最后要注意的是，逼婚是可以推脱，但一个好的恋爱最好在三年之内就有结果，越是时间长的恋爱成功率就越低。

这个在《婚姻是女人一辈子的事》和《爱要深，心要狠，幸福不能等》中都有写，这里不赘述。

第三阶段：要懂得拒绝

结婚后，父母逼你生儿育女是一件必然会发生的事情。这时候，建议夫妻两人要有分工，自己的父母自己搞定，而不能把责任推给对方，否则很容易引起家庭矛盾。

我们见过许多案例，婚后婆婆要孙子，儿子不出声，婆婆就会自发想到是不是媳妇出问题了，于是婆媳矛盾就会爆发。

这个时候，自己搞定自己的父母就显得尤为重要。而此刻的搞定，再用敷衍和计划往往不管用。

在该拒绝的时候，千万不要手软。

因为生孩子这件事情，几乎是不可调和的利益冲突。父母辈的人根本不会考虑你的自由生活和二人世界，也不会考虑养孩子需要多少钱多少时间，他们只要有孙子带就好了，这对于他们，是完成任务和享受。

但对于你呢？生了孩子之后没有时间，没有空间，事业受影响，开销大，甚至要换房，整个人生都不一样了。

我是赞成每户人家都应该生小孩的，但生小孩要选择恰当的时机，这样对孩子也是负责。

所以在这个问题上，一定要严词拒绝，不留余地，按照你自己的时间表来进行，不可以让父母插手。千万别把人生的自主权完全地交给亲人。

说不，是很困难，但在这个问题上，是很必要的。

❺ 如何逼一个男人结婚

做人有时真的很烦，做女人也许就更烦。

小莲那边被逼婚的时候，她的一个闺蜜却在烦恼如何逼她的男人结婚。

小莲的这个闺蜜叫艾静，从小就是个聪明的姑娘，这种聪明怎么说呢？不是读书好、工作好，而是从小学、中学起就明白要让自己漂漂亮亮的，通过嫁个好男人来改变命运。

虽然我们现在很支持男女平等，支持女性有独立生活的能力，不要去依靠男人来改变生活。但这个世界上总是有不同的价值观和生活方式。

艾静从小生活在平凡的家庭里，她想通过嫁人来改变命运，这是无可厚非的。

现实生活中，像艾静这样的女孩儿很多，只是其他人比较喜欢伪装，而她不加修饰而已。

其实艾静长得并不算漂亮，严格比较起来，可能还不如小莲呢。但人家会打扮啊。女人嘛，三分天然，三分妆容，三分衣着，剩下的一分是内涵。小莲最多就四分，人家可占着六分呢。

而且当小莲认真读书的时候，艾静已经到处混有钱人的圈子，谈了好几场恋爱，大学是混着读完的，可跟小莲不混着读完拿的文凭却一样。

毕业后，两个人都找了类似的工作，轻松悠闲。当小莲宅在家的时候，艾静却以交际和谈恋爱为主，所以两个人的生活方向完全是不同的。

父母总是拿艾静的生活方式来教育小莲，小莲每次都嗤之以鼻，觉得艾静这种做法是不对的。

可是久了，小莲却也说不出艾静不对在什么地方。人家正正经经交男朋友，也不做小三，也是正经要结婚，也是正经谈恋爱，都是真爱，究竟错在哪儿呢？不能因为人家找个有钱的男朋友就说是坏女人吧。

所以说，**女人有心机，但只要不害人，这都不算坏。没心机的是傻，有心机的是聪明，而害人的才是坏。**

但是像艾静这样的姑娘，也有自己的麻烦。因为她们太“要”了，把欲望写在脸上，有钱男人虽然喜欢她们，却不太想娶她们。

男人是很奇怪的动物，他们总是喜欢长腿细腰的美女，却又总害怕对方是贪图自己的钱财（不管他们有没有钱财），所以他们总是乐意睡美女，却要娶贤妻。

艾静这个类型的，就是男人们都喜欢，但真要结婚却心底里打个突的那种。艾静谈了多少次恋爱都无功而返，也是这个原因。

而这一次，艾静谈了快两年的这个男朋友，各方面条件都很好，两个人也同居在一起，也见过双方父母，可男人始终不开口求婚，没有丝毫要结婚的意思。

长恋易，结婚难，这个道理艾静很明白。她见过不少姐妹，和男人一谈恋爱就五六年，最后年纪大了，被人以没感情了为借口而甩掉，到头来什么都没有。

艾静想要逼婚，她要让自己那个白马王子高富帅心甘情愿地娶自己。这就是一个逆向的逼婚方式，让男人来娶你。

男人为什么要娶你？

很多女孩都觉得这不是问题，恋爱到一定的程度，不就是应该结婚吗？错了。

女人是一种把什么都混为一谈的生物，她们觉得约会就应该恋爱，恋爱就应该结婚。

而男人恰恰是种什么都分得清清楚楚的生物，他们可以把爱和性分开，当然也可以把恋爱和结婚分开。

对于很多男人，尤其是条件比较好的男人来说，结婚已经是一种负担，是一种牺牲。因为在他们看来，结婚后能做的事情，包括同居、女人、有人照顾、陪伴，等等，在婚前都已经得到，而结婚除了给自己增加羁绊外，再无好处。

在这种情况下，他们为什么要结婚呢？

所以，你要牢牢记住，**对于条件好的男人来说，结婚永远是需要理由的。**

我在之前的两本书《婚姻是女人一辈子的事》和《爱要深，心要狠，幸福不能等》中多次提到男人有婚点的这个概念。

什么是婚点？一个男人的人生中总是有个想要结婚的点，这个婚点没有到，就算你和他谈十年恋爱，他也不会结婚。而当婚点到了，就算刚认识三个月都可能会结婚。

婚点如何才能形成呢？这就是男人结婚的理由了。

这个理由有很多种，譬如父母逼迫、女友逼迫、工作压力、想要有个稳定的后方、想要生孩子，等等。

归结到一点，就在于压力。

无论是什么样的男人，无论是到什么年纪，都会有承受不住压力的时候。因为男人天生对压力的忍受程度就低于女人。

所以对男人的逼婚，主要从三个方面下手，分别是父母压力、事业压力以及情感压力。

艾静在这三个方面做得就很好。

首先，男朋友的父母极喜欢她，所以艾静就经常跑到男方家吃饭，这也是很合情理的。她又时不时地拿出自己姐妹家生的小孩给男朋友父母看，动不动就提到别人家的孩子如何，自己的小孩以后要如何，等等。

老人哪有不喜欢小孩的？就如前文所说，老人逼婚的最终目的就是为了孩子，所以你用孩子去勾引未来公婆，基本上是百试百灵的。

在这种情况下，男朋友的父母果然上钩，开始主动逼迫她男朋友结婚，他们就是想要一个小孩，命令儿子尽快把婚事办了，把孩子生了。

如果只是一方面的压力，对于普通男人或许够了，但对于这个男人还是不够，所以艾静要继续给对方理由。

第二个切入口是事业。条件好的男人往往重事业过于重家庭，所以，你若能在事业上给他助力，则可以增加一个很重要的理由。

艾静的交际面很广，恰好能弥补男朋友不善应酬的缺陷，所以，帮助男朋友出去应酬，为他认识人，介绍有用的人给他，久而久之，这个男人就把艾静当成事业上的助力，感觉越来越难以缺少。

一般的女孩，若是在事业上帮不到男朋友，那么可以从照顾家庭入手，让一个男人感觉到温暖，并且开始习惯你，或许是更大的力量。

当一个男人习惯了你做的饭，习惯了你为他买衣，习惯了你陪他散步，这种习惯是很难改掉的，也是要结婚的理由。

不过，最重要的还在于第三个压力。

艾静虽然有了固定的男朋友，但并没有完全脱离自己的交际圈，也没有把生活全挂在一个男人的身上。说白了，她还有其他的追求者，只不过没有过分搭理人家而已。

男人最强的情感压力，来自于"嫉妒"。所以，当有别的男人送花给艾静，经常约她出去吃饭时，她男朋友的嫉妒心发作，压力也越来越大。

三种不同的压力，分别击中了父母、事业和情感，在此交织之下，很快，这个男人就举手投降了。

艾静于几个月后结婚，场面盛大，婚后生活幸福，生有一子一女，把老公管得扎扎实实。

三、相亲急救手册

失恋痛苦怎么办？ 请看失恋急救手册·嫁不出去怎么办？ 请看剩女急救手册·父母逼婚怎么办？请看逼婚急救手册·相亲尴尬怎么办？请看相亲急救手册·不懂表白怎么办？请看暗恋急救手册·约会没经验怎么办？请看约会急救手册·情侣常吵架怎么办？请看吵架急救手册·爱人出轨了怎么办？请看出轨急救手册·分居异地怎么办？请看异地恋急救手册

❶ 相亲是个什么玩意儿

相亲，几乎已经是现代人避不开的话题了。作为宅男宅女，绝大部分人都有过相亲的经历。而在剩女之中，因相亲成功而嫁出去的概率更高达五成。

基本上当你想要找男朋友时，第一反应就会想到相亲。而别人打算给你介绍时，第一反应也是相亲。

从某种意义上来说，相亲已经是现代社会所必须要掌握的一项技能了。

没错，相亲并不是一件事情，而是一项技能。会相亲的人，往往能从相亲的过程中得到好处；而不会相亲的人，就算你相一百次，也只会让自己信心崩溃，而全无好处。

有人觉得相亲是一件完全凭运气的事情，其实大错。相亲并不是抽奖，抽奖是单向的，你抽到了奖，奖金是无法拒绝你的。

但相亲却不同，它是双向的。即使你看上了对方，对方也不一定会看上你。甚至它是多向的，有时你没有看上对方，却还要被家人逼着继续交往。有时候，你们两个人都没有看上对方，反而得罪了介绍人。

相亲没那么简单，这一章，是要让大家能够成功地掌握相亲的技巧，在尽可能的范围内拿下一切心仪的对象。

首先就要了解一下相亲到底是个什么玩意儿。

A. 相亲是最快捷的社交拓展手段。

为什么大家都会推荐你去相亲？为什么每个人一谈到找对象首先就想起相亲？因为这几乎是目前最简单的社交拓展手段。

在这本书的第一章里我也提到了怎么作社交拓展，在之前的几本书里也多有涉及。但不管用哪个方法，都需要你主动出击，都需要你有厚脸皮和不怕挫折的信念。

只有相亲这件事是主角可以完全被动的，别人替你找好对象，甚至别人帮你约会，别人帮你找好地方，安排好节目。

相亲是一件主角被动的社交拓展，让你在不需要自己出面的情况下认识异性。

从这个角度来看，你也没必要对相亲这种方式有什么腹诽和不满，完全是因为你自己想要被动不想主动，才不得不接受这种法子的。

相亲的缺点我们在下面说，但优点其实也是很多的。它的确是一种非常有效的找对象的方式，因为介绍人知根知底，所以可以规避很多真实性方面的问题。而双方又大多是想要结婚的人，可以极大地缩短恋爱到结婚的周期。

所以，不管你用什么社交方式来比较，对于结婚而言，相亲毫无疑问是最有效并且最安全的。

B.相亲是跨越性的关系发展。

虽然相亲有种种好处，但并不是每个人都喜欢的，有相当一部分男男女女都很讨厌相亲，觉得很尴尬，也很无聊。两个不认识的人坐在一起交换相互的资料很是难受。

其实这种心理逻辑是成立的。相亲的确是一件令人尴尬的事情，这种尴尬是先天产生的。

按照一贯的模式，两个人要结婚，分别要经历相识了解、恋爱、结婚这样三个阶段（粗略来分）。

而相亲却让你省略了一个恋爱的阶段，两个人的相见，直接就是为了结婚的目的，所以相见的过程当中，所有交换的信息，所有对对方的评估标准，都只是为了结婚。

这当然会令人很难受啊。你试想一下，和一个几乎完全陌生的人坐在一起，两个人都抱着和对方结婚的打算，评价的标准也是老公和老婆，这在内心是多么的难以接受啊。

所以相亲是一个注定很尴尬，并且内心会很难受的事情，它虽然效率高，但心理愉悦程度却很低，是一个为了结婚而去做的事情。

C.相亲是个纯利益交换。

有一些姑娘，的确会带着幻想去相亲，总想着相亲的时候能够遇上自己的白马王子。

这种想法基本上可以歇歇了。如果你自己的条件不是好到惊人的话，想要在相亲的时候遇见白马王子的概率几乎是零。

我一直在说，三十岁还没有结婚的男人，不是极品的好，就是极品的差。你估摸下自己的实力，以及介绍人的社交范围，想也能想到是遇不见极品好的，所以极品差的相亲对象才会是你的常例。而如果有一个正常范畴之内的人，就算是烧高香了。

相亲是个非常现实的事情。我在全国各地作讲座的时候，总有一群婚恋网站的注册会员跑过来，找到我的粉丝，一个个地递名片，嘴上说着我是公务员、工资多少，等等。

我也曾跟着婚恋网站去作调查，发现他们的会员相聚在一起的时候，基本上就是聊自己有多少套房子、有多少薪水、做什么职务，等等，完全是现实的话题。

这也是无可厚非的，因为相亲就是为了结婚，所以大家见面的唯一目的，就是看对方适不适合与自己结婚。

说白了吧，你去见一个人，如果这个人完全不合你结婚的目的，难道还要浪费时间和他交往下去吗？这是害人害己的事情。

不要一听到利益交换就觉得是坏事情。其实人这一辈子永远都是在作利益交换，只要你不出卖自己、不出卖良心就好了。

要牢牢记住的是，相亲不是谈恋爱，不是一个用真心去换真心的事情，而是一个挑选人来交换真心的事情。

它是结婚的准备选择工作，而选择，是一种纯粹的利益评定。无论是金钱、精神、事业、情操、品德，都是相应的利益条件。

D. 相亲是一个外貌游戏。

那么，为什么有的人相亲的成功率很高，而有些人却很低呢？因为大家都没有搞清楚，相亲归根结底就是个外貌游戏。

我在每一本书里都曾经说过，所有的一见钟情都和外貌有关；所谓的气质和感觉也和外貌有关；所有的天降奇缘和一见倾心依旧和外貌有关。所以，会打扮的就有人对你一见钟情，不会打扮的就只能一见钟情别人。因为真正的爱情是需要时间的。

两个毫不相识的人坐在一起，除非是想结婚想疯了，否则要对对方产生想法，有感觉，靠的是什么呢？

男人看的是美色，女人看的是感觉。美色并不单单是指一个女人长得好看，还包括了妆容、衣着、搭配、发型，等等。一个女人的漂亮底子最多也只占三分之一，其他都是外物。

而女人看的感觉呢？是外貌、是品位、是气味、是各种流露出来的细节，甚至包括鬓角的长短、指甲的长度、嘴唇是否干裂，等等。但说到底，也是和外表有关。

很多人想要讲内涵，可是内涵这种事绝不是你和一个人相处几小时就能发现的。你们的相亲，相的除了硬件条件之外，最多的还是外貌。

所以要牢牢记住，相亲是一个外貌游戏。成功率高是因为外貌，成功率低也是因为外貌。而以外貌吸引人其实一点也不丢人，没有外貌，是不会有人愿意停在你身边欣赏你的内涵的。

现在才貌双全的姑娘越来越多，就是这个原因。

E. 最好的相亲方案。

说来说去，相亲有那么多的缺点，也会令人尴尬，那是不是就不需要去相亲了呢？

当然不是啊！之前就说过，相亲是多么好的认识人和拓展交际的方式，更是被动者的救星。

只是如何避免相亲的坏处呢？

也很简单。既然相亲这件事是越过了恋爱，直接跨越到结婚，那么，就让我们来补足这一环。

我觉得真正好的相亲，不是两个人坐在一起考虑结婚，而是相互结识、相互了解，然后考虑要不要交往下去恋爱。

先把恋爱这一课补上，然后再去想结婚的事。

如果基于这样的目的，那么我们就不需要过分地关注对方的经济条件，不需要去关心那些硬生生的物质，而只需要关心自己能够爱上人的那部分。感觉如何？细节如何？品位如何？涵养如何？

当你不再把重点放在物质上时，就会发觉，其实很多事情，会变得柔和起来。

相亲怎样才能不尴尬？

你只是去认识一个人，只是去和人吃个饭，不是为了嫁给他。如果这个人看着还不错，那可以多约会几次，也不是为了嫁给他。如果更不错，那可以和他谈恋爱。这之后，再想结婚的事情也不迟。

把相亲变成恋爱的前奏，把结婚当成未来的事情，或许你走得反而能更快一点。

❷ 你适合相亲吗？真的吗？确定吗

其实并不是所有人都适合相亲的。

虽然这件事看起来好像都不需要付出什么努力，但我要告诉你们一个相亲最大的坏处。

那就是连续失败的相亲，会严重挫伤人的自信心。

没有相过亲的人，可能不会有这样的感觉，还以为只是两个人出去坐坐而已。但实际上，你坐在那里，是有另外一大堆人在挑选你，包括了你对面的人和他的家族以及介绍人，不管你看得上人家与否，如果人家看不上你，对你的自信心必然是个挑战。

如果是个条件非常差的人，却还是看不上你，对你的自信心无疑是摧残。

所以，相亲并不是每个人都适合的，有以下几种人不适合。

A. 自尊心非常强的人。

自尊心越强的人，其实就越脆弱。越是爱面子的人，就越容易受打击。所以，死不要脸的个个过得很好，要强的人却都惨兮兮的。

一个人的自尊心越强，那么相亲的时候就越不能承受失败。之前就讲过，相亲是一件严重挫伤人自信心的事情，几乎没有必然成功一次过的相亲。

也就是说，绝大部分人都会有失败的相亲经历。而就我们的统计数据来看，平均每个人至少三次失败才可能有一次成功的恋爱。而比较极品的个例其数量就没什么上限了，几年上百次相亲失败的都曾有过。

自尊心太强的人，往往一次失败都难以接受。何况在相亲过程中，如果对方看不上你，就一定会竭力贬低你，这是一贯的流程，否则也很难和家人、介绍人交代。

你去和人相亲，与之伴随的就是被人议论、评价或贬低。真的愿意这样吗？

对于自尊心强大的人来说，更可怕的事情是被不如你的人，或者条件很差的人看不上，还左挑毛病右挑毛病，这时你会不会更觉得崩溃呢？

我经常说，智商差距是这个世界上最难弥补的距离。一个远远不如你的人，和你不在一个层级上的人，是永远也不可能理解你的好的，你的优点反而会成为他们眼中的缺点。所以说，与其被那些烂人挑毛病，还不如慢慢等待懂你的人出现。

B. 文艺情结严重的人。

文艺女青年或者文艺男青年也不太适合去相亲，除非相亲的对象也同样是文艺挂的。

之前就说过，相亲是重利益对比的，所以在相亲过程里，遇到令人不快的事情概率很高。有许多人在刚相亲的时候，都会遇到上来就问薪水，上来就问是否有房有车的，令人反感至极。

但这种人，反而是相亲界的主流，他们自然可以理直气壮。不问清楚，又怎么结婚呢？

所以对文艺男女来说，如果你幻想的是浪漫的邂逅，是一见钟情的美好，那么相亲实在是不太适合。

就算是再熟识的介绍人，也很难分清楚一个人的内在特质，所以千万别指望对方一下子可以找到跟你灵魂沟通的对象。

这些年来我们调查了无数的相亲案例，但真的可以相亲相出浪漫感觉的，实在是凤毛麟角。

当一个文艺青年遇到现实主义者时，双方都会认为对方是极品。而这世上最难忍受的会面，大概就是不同价值观的人在一起。

所以，文艺青年就请去玩文艺小清新的社交，尽量不要相亲，除非你能确定对方也是文艺情结深重的人。

C. 外表不佳且不愿意打理的人。

最后不适合的，就是外表不佳且不愿意打理的人。

“外表不佳”这四个字，其实是动态的。简单来说，如果大家都是素颜的话，男男女女之中能说得上美艳绝色的，基本上都进了娱乐圈。而其他的，都属于普通和挺好之类。真正说丑的，其实也不多。

而我一直在强调，外表的好看，真正的底子其实不重要，最多占三分之一，主要靠的是修饰和打理。

有句话说：没有丑女人，只有懒女人。其实说得很对。只要愿意为自己稍微打扮下，很多人都可以变漂亮许多的。

这件事我说过太多次了，甚至都公开发表过“15分钟化妆的作用比考研还重要”的言论，但很多人还是不愿意听。

再讲一次，用外表吸引人并不丢脸，而女人自己好不好看决定了她的审美水准，因为女人自己就是自己最好的作品。

如果你真的对打扮自己没兴趣，也不想以外表示人，那也没必要去相亲。就如上所说，相亲就是一个纯粹的外貌游戏。

既然参与这个游戏，那就尊重游戏规则。如果不想玩，就不要参加。

很简单。

❸ 相亲百发百中包赢绝技之准备工作

首先，标题是骗人的。在这个世界上，没有什么百发百中包赢的事情，这是江湖骗子的话。

虽然没有百分之百的赢，但你依然要相信，确实是有方法，可以让人赢的概率增大。要不然，为什么有的人成功，有的人失败，有的人过得好，有的人过得不好呢？

所以，每次有人跑来请教我，我就让她选，是要做自己，还是要过得好。做自己的人一般都过得不好，过得好的人都要做点不想做的事情。

所以，如果你想要提高相亲的成功率，或者想要在相亲中不受伤害，那么就按照以下的步骤来一点点地做吧。

准备工作一：请参加妆容培训班

之前一再说过，相亲是一个纯粹的外貌游戏，你本身的长相好不好看并不重要，但你在相亲时看起来好不好看却至关重要。

所以，如果你准备开始自己的相亲征程，请先去报一个妆容培训班。

在城市里多有这一类的职场白领妆容培训，十几堂课，一两千块钱。我一般建议女孩走出大学校门后就去报班培训。

你们看一些艺校、传媒学校出来的女孩都很漂亮，她们是真的漂亮吗？除了少数几个之外，其他人大多是因为在学校里学过化妆而已。

化妆这件事，对于女孩来说并不是需要天天都化，但你一定要学会，要不然在重要场合随便乱抹，没有加分反而会扣分。

我见过女孩子画眼线画得晕染开的，涂一个血红大口沾得到处都是的，贴双眼皮贴开胶的，打粉底打得结块卡粉的，这都是因为“自学成才”，而没有系统培训的原因。

再重复下这句话，在社交场合里，15分钟的化妆，比读几年研究生都有用，因为别人一眼就能看到你的外表，却很难看到你的内涵。

妆容培训班是前期最重要的准备工作，千万不可忽视。

准备工作二：你应该穿什么就化什么妆

系统地学习了妆容修饰之后，我们开始着力于准备相亲时外表的具体着装和妆容。

刚学会化妆的人，大多喜欢化浓妆，觉得可以强化自己的优点，掩盖缺点。而有一些身材优势的女生，也特别喜欢穿凸显身材的衣服（曾见过大胸的姑娘，恨不得穿着比基尼上街）。

但这种夸张和突出的外表，对于相亲都是错误的。

有人可能会问，相亲不是外貌的游戏吗？我突出外貌有什么错误呢？

相亲当然是外貌的游戏，男人当然会被性感女神美若天仙的女孩给吸引，但吸引，不代表会娶。男人喜欢一个女人和娶一个女人是两个不同的事情。

美女人人喜欢，靓丽的外表可以吸引人与之交往，但最后男人会娶的还是外表靓丽，并且内在也适合做老婆的人。

这一点都不矛盾，关键就在于外表的“度”。

你的外表是端庄贤淑，那就吸引人，并且适合做老婆。

你的外表是浓艳性感，虽然也很吸引人，却只会招来狂蜂浪蝶，大多不愿意娶你，只想睡你。

所以对相亲而言，外表的装扮需要够吸引人，但不要那么浓艳；够好看，但不要那么浮夸；够诱惑，但不要过于性感。

首先，妆不可浓。化妆是必要的，但以清淡裸妆为主，遮瑕和修饰细节，而不是浓妆艳抹。你不是去夜店Happy，而是跟人安静地坐一坐，表现出淑静气质就好了。

千万记得，血盆大口、超浓眼影之类的，都不适合相亲。不管你有多喜欢烈焰红唇，请不要在这个场合里使用。绝大部分男人对清淡场合里见到烈焰红唇都会有不良反应。

其次，发型很重要。别不洗头就冒冒失失地去见人，而刚洗完头毛蓬蓬地见人更不礼貌。要尊重对方，也想让对方尊重自己，就先去把发型做一下。

最后，衣着方面。相亲时的衣服要小性感而不要大性感。什么意思呢？就是露一点，藏一点；藏的地方多，露的地方少，但露的部分全是足够吸引人的地方。

譬如说你有胸，那可以小露一下事业线，但其他地方就可以裹起来。譬如你有美腿，可以穿短一些的裙子，但上身不妨保守一点。

女人的身上总是有优点的，有人漂亮，有人瘦，有人腰线好看，有人腿好看，有人脖子好看，有人有性感的锁骨，学会突出自己的优点，就能事半功倍。

准备工作三：知己知彼，百战百胜

其实有一点大家可能都会忽略，在介绍人推荐你去相亲的时候，一般都会大致地说下对方的资料，但这种介绍一般是以夸奖为主。

做媒这种事，对于中国人来说是天赋，硬生生就能把人给夸出花儿来，缺点能掩盖掉，平庸能变好处，小优点能说得天上有地下无。

所以，我们往往会期望值过高，从而不去想会不会有不适合自己的地方。但你要记住，每次相亲都是在消耗资源，介绍人可能以后不会给你介绍了，你的自信心也在消耗，最少来说，你的时间就消耗不起啊。

所以，在答应去相亲之前，尽量多问一些问题，把见面时不能问、不好意思问的都问清楚，譬如身高啊、长相啊、学历啊、收入啊、车房啊、爱好啊、体重啊、皮肤好不好啊、头发长短啊，只有这么多东西综合起来，才会有一个大概的概念。

有了这个综合的概念，才不会有过高的期望值。而只有你搞清楚对方是谁，才可以有目的地去相亲，要不然，还不如不去。

准备工作四：天时地利人和

相亲也讲究天时地利人和。

首先是天时，要善于选择自己状态大好的时期去相亲，满脸痘痘的时候就好好在家待着吧。皮肤嫩滑，减肥大成时不去相亲，岂不是浪费了好机会？

然后不要在热闹繁忙的时候抽空相亲，坐了几分钟就走，无论如何都不会给人留下好印象。而长假期间到处是人，难道捧着咖啡杯站着说话吗？

其次，要选择你自己熟悉的地方见面。有些姑娘本身就很宅，又不认识几个地方，所以相亲都是等着人家安排场地。这样其实很不妥，因为主场之利对于人的气场是有影响的。

在一个你熟悉的地方，你会自然很多，也不会有什么失礼的地方，那别人看你的样子，就是落落大方，亭亭玉立。

而如果是在你完全不熟悉的地方，甚至是和平时出入场合差距比较大的地方，就会束手束脚，显得拘束而没有气场。

所谓的地利，常常可以给你意外之喜，所以自己选地方，则甚为重要。

最后，要讲给那些喜欢带着朋友一起去相亲的人，切记不要带比你好看的人去，也不要带比你会穿衣服的人去，哪怕是和你差不多的，也可能模糊焦点。

基本上带美女一起去相亲的，都不会有好结果，因为焦点被模糊掉了，不再是主角，对方就不会关注你，更不会对你上心。

如果实在要带人的话，那就带上一片绿叶吧。如果对方确实长得不够好看，穿着也不如你，打扮也不如你，只会插科打诨的话，那就是很安全的，反而能够给你加分。

天时地利人和三样俱全，你就可以正式去相亲了。

❹ 相亲百发百中包赢绝技之现在进行时

相亲的时候做些什么、说些什么，这个大概是所有人最关心的事情了。

当你作好一切准备，装扮得超美地去见人，然后两个人却尴尬地面对面，或者你稀里糊涂把人得罪了都不晓得，那不是更加糟糕吗？

所以，一切准备工作都是为了现在进行时，而正在进行中的事情才是最要紧的。

这里详细讲讲相亲进行时的做法和说法，基本上以女生的角度切入，男生所需要做的事情在最后以Tips说明。

A. 女生不承担找话题的工作，闭嘴就好。

首先要解决的问题，是相亲的时候究竟该说些什么。

很多女孩子在相亲前，总是担心到时候会很尴尬，会没什么话题。我可以告诉你们，有七成的可能性一定是尴尬和没话题的。为什么呢？因为会说话会交际的男生，又怎么会需要靠相亲来找对象呢？

所以话题这个东西，几乎是没有的。若你运气好，遇到个特别会说话的人，那么别怀疑，这家伙平时一定很忙。如果又不忙又特别会泡妞，那显然是借相亲来骗姑娘的。

当你去相亲的时候，已经注定两个人是处于尴尬的局面，所以事先要作好这方面的心理准备。

有些女孩担心过于尴尬，所以到相亲的时候，临场变得很多话，有的会事先准备节目和话题，有的三心二意地东瞧西望。

其实这都是不对的。

相亲时看的是什么？外貌和感觉。外貌之前已经说了该如何调整，那现在剩下的就是感觉了。

要让人的感觉好，不是显得你多会说话，显得你多会交际。人家要的不是一朵交际花，而是乖乖的老婆。

这里面有一个诀窍，正所谓“百言不如一默”，一个女人沉默的时候反而是最美的。

记住，相亲的时候，永远都不需要女生承担话题。

当男人有话题时，你可以陪着他聊，但也不需要多说。男人最喜欢的，是那种听着他说话一边认同一边点头的女孩，而不是比他能说的。

如果男人没有话题，你也不需要表现出无聊的架势。你摆出不语的神情对于整个场面来说于事无补，反而更尴尬。当然也不需要自己胡说八道，乱开话题，更不要东张西望像个没见过世面的傻丫头。

如果沉默，就把眼神盯着面前的某个东西看，譬如桌上的鲜花，譬如杯子，再者一歪头，用手摸摸头发，这样会显得你沉静、淡然和安于孤独。

我一直说，在最初的接触时间里，所有对于内心的理解都在于你的外表，而这种外表的表述，就是我刚才所说的——沉默、凝视和微笑，这会让人感觉你很有内涵。

B. 有一些不能说的话，不能问的问题。

相亲其实是一件非常流于表面的事，大部分的感觉都是被伪装出来的。既然要伪装，那就装到底吧。

之前就说过，相亲是一件非常实际利益化的事，大家难免心里着急，就想知道对方的具体情况。

但切记，就算是再现实主义的人，被当场问收入情况、家庭住房情况以及家境时，都会有不良的反应。

这是心理性的。从心理学的角度来看，两个还不熟的人，立刻被别人窥探隐私，会被认为是侵犯了自己的领地，从而产生反感。

所以，我一再交代，越是在相亲的时候，就越不要问实质性的问题。但很多人一再地犯这个错误。

不要问人家收入多少，不要问人家做什么职务，不要问人家学历，不要问人家兄弟姐妹几个，不要问人家有没有房，不要问人家开什么车。

有人可能要说了，既然是相亲，难道不应该把这些搞清楚吗？如果不明不白地相亲，岂不是对自己的不负责任？

也不晓得是说你聪明好还是愚蠢好。

这些问题需要当面问吗？你不会从侧面了解吗？不知说过多少次了，直如弦死道边，弯如弓反封侯，你稍微拐个弯会死吗？

而且你知道要对自己负责任，那么在相亲之前的准备工作中，就应该把其中绝大部分资料给收集全了。人家做什么职务、有没有兄弟姐妹、有没有车房这种事，如果介绍人都不知道的话，显然这个介绍人极不靠谱，还不如别去。

总之一句话：人前要含蓄，人后要功利。

这样才能既给人好印象，又可以把事情给办成。

C.气质来自于大气。

一个女人的气质来自于什么地方？往往来自于她的阅历，她的经历。当她经历过足够多的事情，见识过足够多的人之后，就不会大惊小怪，就算再极品的人和再极品的事摆在面前都会游刃有余。

因为这个女人变得大气了，她更加豁达而宠辱不惊。

在相亲的时候，你们往往会遇到那些极品的人和极品的事。还记得那句话吗？到三十岁都还没结婚出来相亲的男人，要么极品得好，要么极品得坏。

所以，你们可能会遇见这些事：要AA制付钱、当场说你各种不好、对你评头论足要指挥你的人生、狂说自己前女友多好、说自己是基友要你当同妻，甚至还有要约你一夜情的。

这些都曾经出现在我的案例库中，今天告诉你们，就当自己已经经历过。

所以，不管出现了一个多么极品的人，都不要发怒。你怒了，发作了，甚至针锋相对了，就是给了别人说你不好的机会。

要记住啊，智商低是这个世界上最远的距离。别人做出一件极品的事，你也跟着一起做，那岂不是把自己拉低到对方的层次了？

其实，对付一个人最狠的方法，不是教训他，而是忽略他，不理他，路过他，最后忘记他。

所以，当你看不上一个人时，对方惹你生气时，也不需要表现出来，依旧要落落大方，可以保持沉默，等过一段时间后自然而然地离开。以后就删除这个人，只当没有见过，不要生气，也不要记得。

D. 真正重要的是结局。

其实相亲这件事，最关键的一点，还是在结局上。不管你的准备工作有多细致，不管你打扮得多好看，不管你在过程中表现得有多好，可如果在结束相亲的那一瞬间做错了事，可能一切都不会有好结果。

牢牢地记住这件事，当你结束了一次相亲之后，你可以给人留电话留QQ，也可以完全不搭理人，可以喜欢对方，也可以不喜欢。

但在相亲结束告别之时，不管对方说什么，都要微笑着告别，头也不回地离开，千万不要露出任何的情绪。没有留恋，也没有不满，只是断然地头也不回地离开。看起来很洒脱，却又不至于很决绝。

有些姑娘，在相亲时对对方有了兴趣，就会流露出各种羞涩，各种拿得起放不下，各种依依不舍的情绪。你在这么快的时间里就让男人体会到征服的感觉，会令对方迅速对你没兴趣，并且会让对方感觉你没什么选择，并不会很多人要。

更有甚者，在第一次相亲时两人就一见如故，似乎一见钟情，最后居然会有身体的接触。当然这种接触不一定会是一夜情，很可能只是一个吻，一次牵手，一个拥抱什么的。

但这是万万不可的。

对男人而言，越是得到的轻松，就越不会珍惜。你在第一次见面时就已经让人得手，这种轻易程度，很难让人感觉到你是珍贵的。

珍贵的感觉来自何处？就来自于难以得到。

所以，不管对方是如何好，你也要收敛起内心那份遐思，一定要HOLD住了，把窃喜放在心里，把背影留给对方，让他再来找你，再来约第二次的见面，然后才能一步步地放开。

他花的时间越多，你在他心中自然就越贵重。

❺ 相亲百发百中包赢绝技之掌握别人的命运

最后我们要解决的，是一个相亲的心态问题。

许多人在相亲的时候，总是想说做自己就好，不需要被别人改变。然后呢，一次次地被人婉拒，被人嫌弃，导致自己的信心越来越弱。

我之前一再地说，千万别以为相亲是一件随便的事情，它也是要付出代价的，这个代价不只是时间，还有你的信心。一个人被连续拒绝三次，信心的削弱会到一个惊人的地步。这种信心消失不只会作用在情感上，同时也会作用在你的生活里。

所以说，做自己是一回事，保护自己是另外一回事。如何在相亲的时候保护自己？方法也很简单，那就是掌握别人的命运。

也就是说，你尽量让自己在相亲的时候变得更出色一点，尽可能地让别人看上你。

而一旦别人看上了你，那么你能不能看上对方就是你的事了，他的命运就掌握在你的手里。

你朝周围看一看，会发现这个世界上不是越出色的女人就越自信的，而是越多人追求的人越自信。

因为在情感世界里，女人的自信心会随着追求者的增多而越来越足。而如果很久都没有一个追求者出现，这种自信心也会一点点地被削弱。

去相亲，等于去认识人，而认识了人之后，这个人被你吸引到了，来追求你了，这当然就是你信心和动力的来源。

千万别去想我又不喜欢对方，干吗要吸引人这种傻话。不是每个追求者你都必须要喜欢的，当然也不是除了你喜欢的人之外，其他人都不能让他追求的。

记住这句话，**一个女人有多少追求者，就意味着她有多出色。一个女人完全没办法吸引到人，就算再出色，也是有限的。**

所以，相亲最重要的，就是不要让别人掌握你的命运，而是要你去掌握别人的命运。

四、暗恋急救手册

失恋痛苦怎么办?请看失恋急救手册·嫁不出去怎么办?请看剩女急救手册·父母逼婚怎么办?请看逼婚急救手册·相亲尴尬怎么办?请看相亲急救手册·不懂表白怎么办?请看暗恋急救手册·约会没经验怎么办?请看约会急救手册·情侣常吵架怎么办?请看吵架急救手册·爱人出轨了怎么办?请看出轨急救手册·分居异地怎么办?请看异地恋急救手册

❶ 所有的暗恋其实都是明恋

你暗恋过人吗？有些人回答有，而有些人则没有。但你是否曾在某一瞬间，对某个人有了感觉，却又只是暗暗地看着，想上去搭讪却不敢呢？这个情况，估计大家都会有。

所以说，暗恋的时刻每个人都会有，只不过有的比较深刻，时间更长，达到了恋的地步。而更多的人只是有好感，只是心里面想了一想，不敢或者没缘分，也就这么过去了。

但实际上，人的第六感往往很敏感，你第一眼就有感觉的人，其实真的都挺合适，所以很多暗恋成功的人，会发现他真的找了个蛮不错的人，有些确实过完了一辈子。

可惜，之所以会有暗恋，就是因为你的内向和腼腆，所以，就算遇到了合适的人，也往往会错过，这就是暗恋只是暗恋的缘由。

所以这一章节，我们要来详细地讲讲暗恋的过程、真实内在以及解决的方法。

前文所提到的小莲，也曾有过情窦初开的时候，在大学里也曾经暗恋过一个师兄。

大学里能被女生暗恋的，通常只有几种人：要么是体育特别好；要么是活动能力很强；要么就是很帅的。

而小莲暗恋的人，是她们系里最出挑的一个男生，帅气是必然的，也是几个社团的骨干，而篮球、足球样样都拿得出手，每天都有一堆的小姑娘围在身边。

这种男孩子必然是有一堆的暗恋者，小莲正是其中的一个。和其他积极进取的女孩子不同，她所能做的，只是躲在一边默默地看着对方，默默地冲着他的背影微笑，只是这个男孩所参加的活动她也都参加一遍，一次次地在他周围逡巡，希望能有一两次偶遇的机会。

偶遇自然会有的。有一次下雨，小莲没有带伞，刚好这个男生撑伞过来，捎了她一程。这大概是他们第一次聊天，男生对小莲也有印象，甚至还约了有机会一起去看红叶。这次的偶遇让小莲激动得整夜都睡不着，似乎她的人生就要因此而改变了。

但实际上，一切都没有改变。接下来的日子里，男生继续过着他风光无限的日子，而小莲也依旧不敢主动去约人，所以生活并没有任何的区别，依旧是这样过着。

大学的生涯，小莲就这么远远观望和喜欢着一个男生而过去，甚至到毕业时的舞会，她都没敢上前去邀请人家跳一支舞。

大概许多人心目中的暗恋都是这样，也会如此不声不响地结束，在许多年后两个人都结婚生子，偶尔会想起从前，却不会再做什么。

若是这样也还好了。小莲和绝大多数的暗恋者一样，都会存着一个幻想，觉得当初完全是因为自己被动，所以才会错过好男人，如果当时大胆地冲上去的话，说不定现在已经是自己的老公了。

这个想法虽然也有些可笑，小莲却坚信了许多年，一直到某一天，在偶然的机会和那个男生重新相遇。

老同学相见，对方还带着小孩，自然是开开玩笑。小莲顺口说了当初暗恋的事，以为对方会吃惊，没想到那男人居然点头说知道。

这让小莲吓了一跳。可那男人还说，其实许多女同学的暗恋他都知道，这都不需要对方有什么表现，有什么表白，一次次的遇见、一次次的活动参与、相见时的态度和表情，他其实都心知肚明，没有回应，是因为没有感觉。

直到那一天，小莲才终于梦醒，原来那一直都不是暗恋，而根本就是双方心知肚明的事情。原以为只要当初努力一把还是有希望，实际上是全无希望。

这个故事听起来似乎很悲伤，但却告诉了我们一个道理，那就是几乎所有的暗恋，实际上都是明恋。你以为别人不知道，但人家知道得比你更清楚。

除了极少数的傻瓜之外，绝大多数人都能看出别人在暗恋自己，这里面有自作多情，但真暗恋不被发现的很少。

我们往往小瞧第六感和做人的敏锐。试想一下，如果整天有个人在你面前晃悠，和你一说话就脸红，有时候欲言又止，鬼鬼祟祟的，只要你出现的地方他（她）都会出现。

这种情况，如果还察觉不出来，那你的直觉也实在太差了吧。

人通常容易自作多情，而不知不觉的情况却很少见。

所以说，暗恋这种事，只不过是没有挑明而已，并非是没有情感的交流。尤其是女人暗恋男人，你就算再压抑自己的情绪，也难免会有一些情感的波动，所以你的暗恋对象其实心里都是有数的。

如果对方也有意思的话，会稍稍给你回应，这样一来二去就算是勾搭上了，暗恋变成明恋。

而如果对方没有意思的话，不仅不会有回应，反倒是会躲你远远的，这样在你这边看上去依旧是暗恋，依旧没有人知道，可对方实际上已经表达了态度。

不把暗恋当作借口，这是你首先要弄明白的。

这个世界上并没有真正的暗恋。

❷ 傻兮兮地等不如笨兮兮地上

学过了上面那一节，我们就要思考一下，如果暗恋这件事其实都是骗人的，大家都心知肚明的话，那么暗恋这件事还需不需要存在？

小莲的那种暗恋，是属于傻兮兮的等待，希望缘分可以从天上掉下来。但毫无疑问，这世上没有平白掉下来的馅饼，你能看上的人，别人也会看上，你不出手，别人出手，胜负就一目了然了。

当然，也有人会说，既然那个男人从头到尾都没有看中小莲，那就算是出手了也没用啊，无非就是多被人拒绝一次而已。

这就是主动和被动的区别所在了。

大家都觉得，既然心仪的目标看不上自己，那做与不做都一样。但这种想法是错误的，因为人的思想和情绪是动态的，上一秒看不上，下一秒却有可能。你等待着他看不上，可进取着却有可能；你远远观望时看不上，但陪在身边时却有可能。

感情的事是千变万化的，等待的人永远不晓得往前走时，会有什么落在你的头上？

譬如小莲暗恋的那个男生，他在读书的时候确实不喜欢小莲这样的姑娘，那时候还年轻，就爱追着捧着自己的女孩。而毕业后，又像别的男人一样，就爱漂亮性感的姑娘。而在这些姑娘身上吃到苦头后，这个男生沉沦了有些日月。终于有一天，他幡然醒悟，明白了自己要的是什么，追捧和外表只不过是外在的东西，而男人最后想要的还是一个家，一个稳定的家庭，一个贤惠的妻子。所以到最后，他娶了个普通的女孩，这个女孩倒是和小莲有些像，宅、温柔、贤惠、善良。

连这个男人都笑称，如果在那个时候遇上小莲的话，还真有可能和她在一起。

所以，看到了吧，有时候是不是对的人，关键是要在对的时间出现。

A. 原地等待，就是放弃唯一的可能性。

我一直都在说，婚姻市场是个战场，手快有，手慢无。很多时候，越是好男人就越是被动，你不下手，他是不会主动的，而别的更进取的人自然就下手了。

这个好男人既然成了别人的人，又基于他是个好男人的属性，不会出轨劈腿，那么就一直都会是别人的人，就更和你无关了。

明白吗？被动的人为什么总是找不到好男人？难得谈一次恋爱也会被坏人伤害？

就因为主动的坏男人找被动的好女人。而主动的女人，找被动的好男人。最后轮到你的，要么坏，要么差。

如果你看上了一个人，主动出击的话，成功概率是1%到100%都有可能。但如果一直等在原地的话，概率就是零。

宁可做那1%，也千万别做零。因为零就是没希望，没可能，一切都无从谈起。

原地等待的人，就是放弃了这唯一的可能性。

B. 留住记忆，也许给未来开了一扇门。

你没有努力，那么什么事情都没有发生。这个时间节点上没有开始，未来的时间节点自然很难突然开始。

我们所见到的案例中，暗恋成真的例子绝大部分都不是在当时，而是在若干年之后。因为当时两个人之间曾有过小小的努力，以至于留下了美好的印象。而在若干年后，时间对了，心态对了，又有曾经的联系方式，就是不经意的一次联络，反而成就了很好的缘分。

当然，这是一个不多见的案例，但依然是种可能性，而且还是许多人都经历过的可能性。

如果你只是暗恋而毫无行动的话，即使当时大家都心知肚明，但过一段时间就忘了。

你要做人家记忆里的一段回忆，还是要做被忽略的一个背景板呢？

C.其实你没有什么可失去。

就算你努力了一把，又有什么可失去的呢？事实上是没有。

之前已经说过了，暗恋和明恋是一个道理，区别是一个你没有机会，而另一个你还有多少不一的机会。

许多人为什么要暗恋，却不愿意去表达？这不是机会的问题，也不是合适不合适的问题，而是勇气和面子的问题。

你总觉得跟人去表白，最后失败了是一件丢面子的事，其实这不过是心态的调整问题。

当你表白完，对方拒绝，然后你就觉得尴尬，觉得欠了人家的，就想要躲着人家，是这样吗？

你知道那些主动进取的姑娘是怎么想的吗？她们去跟人表白，十有八九也是被人拒绝，然而，她们并不觉得自己有什么丢面子的，反而觉得对方欠了她的，反而是人家要躲着她。

这就是主角和配角的心态关系，明白了吗？

你把自己看成这个世界的配属，所以总觉得自己的行为会给自己抹黑，那当然寸步难行。

但如果你把整个世界看成是你的配属，只要你自己做的事情是对的，那么无论做什么，都不怕丢面子，因为那都是人家欠你的。

这种心态也许不是每个人都能有的，也不一定有多值得提倡，但确实是很有趣呀，不是吗？

D. 人生就是撒网打鱼。

最后要告诉你的是，人生其实就是一场撒网打鱼的过程，谈恋爱尤其如此。

许多姑娘是很好的，她们总觉得，喜欢一个人总要看好了，想好了一切未来，并且判断出对方也是喜欢自己的才可以开始，有的甚至必须要对方先一步追求，才愿意开始。

但你知道找个爱人有多难吗？

在这个世界上，有人会对你好，但却不是真心的；有人对你是真心的，却不知如何对你好，只有很少一部分人真心又懂得对你好，但这部分人你又不一定能爱上。

也就是说，你既要能爱上一个人，又要这个人是真心的，又要他懂得如何对你好，甚至还要人家主动追求你。

前三个条件已经难上加难，何况还有别的附加条件呢？待在原地等待，能等到这样的良人从天而降吗？

所以，一般情况下是这样的，当你看上一个人时，而这个人看起来又挺好的，似乎是可以真心对人，那么你且不要管他现在对你如何，也不要管他目前是不是喜欢你，你应该努力一下，尽可能地去做些事情，让这个人对你的态度有个变化。

曾经有没有喜欢你不重要，曾经的态度如何也不重要，重要的是将来。

如果你能让一个不喜欢你的人彻底爱上你，那这种爱情难道就不好了吗？我们见过多少情侣曾经是仇敌的，结果他们却可以相爱到老难道就不够好吗？

而你努力过了，没有成功，那么只能说明这个人确实不适合你，找下一个就好了。

人生就是撒网打鱼，不撒网，就永远没有鱼。

记住咯。

❸ 暗恋成功无敌技巧（女生版）

这一节我们就要讲讲具体的方法和技巧。暗恋到底如何才能成功，才能达到你想要的目的，让暗恋变身真正的恋爱呢？

其实男女是有巨大区别的，女人暗恋男人和男人暗恋女人，从心理到生理到技巧都有很多不同，所以暗恋成功的无敌技巧，就必须分为男女两个版本。

而所谓的无敌，也大多是骗人的，写在前头无非是抓人眼球。你要记住，真正无敌的永远都不是技巧，而是你的心态。心态放松，一切都能搞定；心态紧张，用什么技巧都是完蛋。

A. 要勾引不要勾搭。

女追男，最紧要的第一条是什么？就是要勾引，而不要勾搭。

为什么呢？因为男人永远有两个很重要的心态，其一叫惊鸟心态；其二叫不值钱心态。

什么是惊鸟心态呢？有些男人，尤其是比较宅和比较乖的男人，对于女人的主动表态总是很惊恐的。你突然跑过去，跟人说我爱你，他们会有什么反应？直接说我也爱你的基本都是花花公子，而绝大部分好男人都是被吓跑了。

因为他们并没有和太多女生接触过，也没有很多泡妞的技巧，突然被妞泡，这就像是看到自己的爱车会讲话一样，不会被当成变形金刚降世，而是直接被吓跑。

而什么是不值钱心态呢？就是当你对某个花花公子表白的时候，他当面也许拒绝、也许答应、也许敷衍、也许用各种态度来安抚你，但实际上，你在他心中已经不值钱了。哪怕他和你开始一段感情，也很可能被这种不值钱心态所左右。

男人是很奇怪的动物，他们用自己付出代价的多少来判断事物的价值。如果他们付出的足够多，而费了九牛二虎之力才把你追到，那么他就会认为你是值钱的、是珍贵的。

而如果是你主动表白呢？人家就算是接受了，也会因为没有付出很大的代价，从而判断你并不值钱。

得到的太容易，就是廉价的，明白吗？

所以说，与其被人嫌弃，还不如被人珍惜。

你要争取勾引人家，而不要主动地勾搭。

那怎么勾引呢？我在巡回演讲时经常讲到一个案例，拿出来再说一次，大家就明白了。

B.要让男人感受到自己被崇拜。

大学里有个姑娘，暗恋上一个男生。这个男生体育很好，爱打篮球，而且身边有许多的仰慕者。是不是有很熟悉的感觉呢？这和小莲的那个是一样的，区别在于小莲是被动地傻傻看着，而这个姑娘却是主动出击。

姑娘的主动出击也不是盲目的。她先作了个调查，调查结果发现，这个男生看起来很能干，其实是个技术宅，以前也有许多女孩子主动表白过，但男生都躲了。

也就是说这个男人有惊鸟心态，所以切不能用主动表白这一招。

所以要勾引，而不能勾搭。怎么勾引呢？最简单的方法，是混入男生的圈子，接近他，并且引起他的注意。

姑娘调查发现，这个男人特别喜欢玩魔兽游戏。这是一种网络游戏，男人玩得多而女生玩得少。

所以这个姑娘也开始玩魔兽，并且加入了那个男人的服务器和社团，在游戏里和对方有了一些交际。

注意哦，到这一步时，还没有进行到勾引的阶段，你只是出现在了对方的世界里，但实际上，并没有获得对方的注意。

就好像小莲也曾经去看暗恋对象打篮球一样，出现在了对方的视线里，却没有引起注意，这等于是白做。

那个姑娘自然不会到这一步就结束。在游戏里有了交际后，有一天，她借着请教魔兽玩法的借口，主动找到那个男生，甚至到了对方的寝室，让他亲自在电脑上教她。

这一步是非常关键的，甚至可以说是胜负手，因为它包含了两层含义。

第一层，是姑娘通过请教游戏而不显山不露水地走到了男人的身边，让男人对她有很深的注意力，不仅是记得，而且还能记忆深刻。

另外一层呢？她所找的借口不是其他，而是请教，是让男人做老师，这会令一个男人有被崇拜和被需求的感觉。

无论在什么时候，无论在什么世界里，男人都是希望被人崇拜的。当然，你可以直截了当地跟人说我崇拜你，但这个和表白一样，就不值钱了。这种正儿八经的请教却不同了。对方在教学过程中享受着你崇拜的眼神，心理满足程度是不同的。

在这个世界上，不喜欢被崇拜的男人只有两种，要么是傻的，要么是死的。所以，当你让人感受到这一点，而又完全没有放低自己的时候，你就已经赢了。

C.主动追求，都是骗来的。

当这个姑娘开始用魔兽游戏来引起对方的注意后，事情就变得非常顺理成章。有时候，你觉得很难的事情，只要找对了方法，一切都可以变得顺理成章。

这姑娘才跑了两三趟的男生寝室去请教问题，那些男生就开始起哄，好几个人都摩拳擦掌地说要下手追求，这下子，把那个男生给急到了。

几天后，那个男生终于鼓足了勇气，向姑娘表白。那个姑娘强忍着心中的窃喜，还颇矜持了一番，这才勉为其难地答应，还让那男人约法三章，答应了许许多多的条件。

这两个人从此开始谈恋爱，这是个典型的暗恋转明恋的好例子，而它的妙处就在于，男人根本就不晓得姑娘暗恋自己，一直都以为是自己先追求的，所以总是把姑娘如珠如宝地宠着。

你看到了吧，自己送上门的不值钱，可是让别人以为是千辛万苦追回来的就值钱了。

许多姑娘都傻兮兮地以为，男追女就真的是男人追求女人。其实就我们统计的案例来看，至少有一半的男追女其实是女生先喜欢对方，但就是用了勾引的方式，让对方主动提出和主动追求，从而形成了男追女的格局。

如果都像你这样等在原地，等着人家下手，黄花菜都凉了。

主动追求，都是骗回来的，记住啦。

D. 永远不要说你曾暗恋过。

最后一条，如果你曾经暗恋过一个男生，请用尽可能含蓄和暧昧的方法来吸引对方，而不要用直接表白的方式。

如果你真的可以和对方在一起了，也要切切记住，千万不要说你曾经暗恋过他。因为你暗恋这件事是你内心世界里的，说了出来，在心理上必然会处于下风。

人家原本正处于千辛万苦把你追到手的满足感中，你突然告诉他曾暗恋过他的事，这就好像你在拍卖会上力挫众买家，高价把东西拿回去，那是宝贝，可如果有人告诉你这东西在超市打对折卖，你能高兴吗？

别傻兮兮的什么话都说，该说的时候说，不该说的时候就住嘴。

❹暗恋成功无敌技巧（男生版）

我一般很少写给男人的技巧，但会暗恋的男生却不同，因为绝大多数还处在暗恋阶段的男人都是很好的，他们并不懂得太多追女孩的技巧，也尚处于一个单纯的感情时期，所以单独列出一个男生版的暗恋技巧。

A. 躲在人后关心的都是牺牲品。

有些男生，如果喜欢上一个姑娘，并不会主动去追求，而是暗恋。他们所谓的暗恋，也不是有步骤地做些事情，或者远远地看着，而是默默地关心那姑娘，躲在人背后帮忙，还努力不让人知道。

这些男生当然是很好的人，可以说，如果他们遇见一个好女生，就是一辈子的恋爱了，会从恋爱到结婚，一直走到终点。

可惜，往往好人没有好报，越是这样的男人，就越追不到女孩。

这当然怪不了人家姑娘。女孩要喜欢一个人，首先也得看到他，如果这个人一直躲在身后，就算做再多又有什么用呢？

如果你暗恋的时间足够长，就会发现一个问题，并不是你为别人做的事越多，别人就越爱你的，可能结果正相反。有些人什么都不做，只是小心讨好就能赢得美人归。但你苦哈哈地做再多，也只是给别人作辅助。到了最后，给你一个“闺蜜”或者朋友的头衔，一切就结束了。

所以说，让人爱上你，并不取决于你付出了多少，而取决于你在人家面前的曝光率有多少。说白了，干得苦不如长得好，做得多不如嘴巴甜。

你一味地躲在人家身后做事，却不晓得表现自己，最后只会是一个牺牲品，是别人追求到你的女神的垫脚石。

B. 要展示你的优点，让人崇拜。

从女孩的身后走到眼前，这是你需要做的第一步。说白了，你别老是默默关心，也要在女孩面前多晃悠。

你不一定要表白，也不一定要直接告诉人家你有多喜欢对方，但至少要作出一个正在追求的姿态，不只是你自己心里知道，也要让别人知道。

当然，这不过是第一步，并不是所有。

当你走到姑娘面前的时候，做什么才能令人注意你呢？这就要分析女孩为什么会喜欢上一个男人。

女人喜欢男人，原因有很多，但总的来说，主要是因为这个男人有优点，有时候这些优点足以让女人仰视，从而会获得她们的青睐。

简单来说，每个女人都崇拜强者，至少是崇拜别人比自己更强大的那些优点。如果一个女人完全不崇拜你身上任何的优点，那么她即使和你在一起，也是看不起你的，属于施舍。

所以，你要记得，展示优点是雄性动物的本能。孔雀要开屏，狮子要长鬃毛，这都是为了吸引异性。你如果永远都只知默默奉献，不知炫耀，那毫无疑问，是很难抱得美人归的。

先审视下自己，到底有什么优点，有什么好的地方，然后尽量去展示一下，去吸引人。

只有你可以用优点吸引到别人的注意时，这才是你们能交往的契机。

C. 不要一味对人好，也要给别人对你好的机会。

之前就说过，不是你对别人好，别人就一定会回报你的。其实两个人如果真的要交往的话，必然不是一方的付出，而是双方的付出。

所以，你费尽心思的付出，可能一点都不能讨到好，因为只有你在做，另外一个人没有互动，这就是单恋。

这里的技巧就在于，你得留出空间来让别人表现一下，或者说，你得制造机会来让人家付出一下。

很多人是宁可自己帮人也不愿找人帮忙的，这就是不懂其实别人帮你，同样能增进感情这个道理。

在你喜欢的人面前，炫耀够了优点，也要偶尔晒一下软弱，让她着急和担心。女人的爱情是征服欲和母性，她们会对身边吃亏的人、弱小的人有天生的保护欲，而这种保护欲，也正是爱情的一种启蒙状态。

为什么你经常会看到那些坏男人总是受女孩宠爱？因为男人越坏，女人就越想帮他们拉出泥潭，结果把自己都赔了进去。

偶尔装弱，就是让你自己变成一个泥潭，变成一个吸铁石，这是女孩们难以抗拒的特质。

你看，有时候技巧很简单，无非是装可怜而已。

D.强弱要结合，不要永远强势，也不要经常装弱。

但要注意的是，装弱这一招不能经常用，也不能时时用。除了很小一部分母爱泛滥的姑娘之外，绝大部分女孩对于强大男人的偶尔弱小会有很好的感觉，但对软蛋还是深恶痛绝的。

所以说，任何事情都是辩证统一的，不能一味耍强，更不能天天装弱。如果你因为装软蛋而获得同情，从而把软蛋变成自己的标签，那你的暗恋估计也就完蛋了。

做男人最有味道的是什么？就是在平时光彩照人，而私底下却有趣不装；当大事发生的时候奋勇向前，而平时又善良又有同情心；对待敌人时残酷无情，对待自己女人时却柔情万千。

只有变化无常，才是征服一个女人最好的方法。你要让自己变得捉摸不透，这种变化性，才是吸引别人来了解你的绝招。

男人暗恋女人，可以勾引，也可以勾搭，重点是要让别人看到你。不只是看到表面，也要看到你的千变万化，看到你的缺点，看到你的强大，看到你的软弱。当你内心的丰富被人感知到，暗恋才有变成明恋的可能。

最后，一定要给对方爱上你的理由。记住啦，毫无优点的男人是不可能被喜欢的。你可以不帅，但一定要干净；你可以邋遢，但一定要有才气；你也可以没有才气，但一定要MAN。

总而言之，恋爱的理由你自己都找不到，就别怪别人看不上你啦。

❺ 暗恋得手，也别忘了插旗

继续说回之前的那个案例。那个姑娘成功地把自己心仪的男人捕获后，按理说应该高枕无忧了啊，但聪明女孩并不会在得手后就立刻放松，她们还有一件事情要做。

那就是插旗。

什么意思呢？其实暗恋这件事很容易变成地下情，也就是当初暗恋是没人知道，两个人真的谈恋爱后，依旧没有人知道。

这种地下情往往会带来很不好的局面，那就是你明明已经有了男朋友，明明付出了感情，明明是在恋爱，可在别人眼里看起来，这个男人依旧是单身的，依旧有大堆女人可以围在他身边。

许多不好的男生特别喜欢地下恋，借口是五花八门。但不管他们的借口是什么，真实原因是一样的。

那就是不想承认你是他的女朋友，以及他还想要另有发展。

所谓吃着碗里看着锅里就是典型的地下情心态。你的生活里只有这一个男人，而他却还标榜着自己的单身，依旧可以挑三拣四。

所以，聪明的女人，除了抓住男人之外，还要学会用插旗的手法来标示自己的地盘。

前文所说的那个女孩子，在确立了关系后所做的第一件事情，就是牵着男朋友去校园里逛了好大一圈，并给他送了一次饭。从那以后，几乎所有的爱慕者都知道这个男人已经有主了。

这件事情恰恰是不少女孩子所忽略的，有些也不是地下恋，只是不好意思告诉别人。但其他事情可以不好意思，插旗占地盘的事却一定要做。

这和高调恋爱不同，没有人让你经常秀恩爱，只不过你需要在心仪的男人身上刻下自己的名字，这样就算不能吓退所有人，至少也赶走一部分骄傲的竞争者；就算不能规避全部的风险，至少让那些妄想插足的人陷入不义。

中国人是很讲大义、讲先来后到的，有时候是你先认识一个男孩，可只要别人率先宣布跟这个男孩谈恋爱，那么你再做什么都是无效。

这就是插旗的功效，把人变成你的所有品，你就有了名分，断绝了他的花花心思。

一段感情越是从暗恋开始，就越是要向外宣布。低调的开端，必须有高调的确认，这样才叫作成功。

直至插上你的旗，这段暗恋才算是完美收官了。恭喜你，接下来我们进入新的课程。

五、约会急救手册

失恋痛苦怎么办？请看失恋急救手册·嫁不出去怎么办？请看剩女急救手册·父母逼婚怎么办？请看逼婚急救手册·相亲尴尬怎么办？请看相亲急救手册·不懂表白怎么办？请看暗恋急救手册·约会没经验怎么办？请看约会急救手册·情侣常吵架怎么办？请看吵架急救手册·爱人出轨了怎么办？请看出轨急救手册·分居异地怎么办？请看异地恋急救手册

❶ 别怪男人笨，好男人其实都笨

这堂课里，我们要讲到一个叫姗姗的姑娘。这姑娘可不是嫁不出去的主儿。姗姗从小就挺招男孩子喜欢的，是众人眼里的小公主，初中开始就有追求者出现，高中时就早恋，到大学就更不用说了，四年里换了两个男朋友。

按理说，这样的姑娘既然不缺男朋友，当然不会愁嫁了，该没有感情烦恼才对啊。**其实不然。任何人都有感情烦恼，没男朋友的烦去哪儿找，有男朋友的烦出轨，不出轨的又烦他太老实。**

你所处的境遇不同，面对的人不同，烦恼自然就不同。所以说，千万别觉得出了问题换个男人就没问题了，其实你怎么换，问题都存在，只是需要见招拆招，解决了就好了。

姗姗确实很受男孩的欢迎，但正因为如此，所以她遇到的总是狂蜂浪蝶，总是花心的男人，而实实在在的好男人其实并不敢追求姗姗。

所以，在过去几年里，姗姗虽然没有断过男朋友，可她也是一次次地受伤。那些追求她的男人的确条件很好，有的很帅，有的很有钱，有的很会谈恋爱。

可以说，和这群人谈过恋爱，就见识了这世上几乎所有的泡妞手段。有的男生能在几分钟之内把你说哭，有的人可以送出你最想要的礼物，有的人可以瞬间让你感到浪漫无比。

姗姗和这些男人在一起的时候，从没有感觉到无聊过，日子过得也很快乐。但问题就在于，这些特别会谈恋爱的男人，什么都好，就是没有忠诚。

有的人在得到感情后，很快就移情别恋，有的人干脆就劈腿出轨，而就算没有出轨的人，也绝口不提将来，毫无一点想要结婚的念头。

姗姗经历过一段又一段失望的感情，终于幡然醒悟，身边多是不靠谱的男人，这并不是别人的错，而是自己的错。

因为你总是被那些花哨的东西所吸引，总是被那些花花公子所吸引，总是选择那些不靠谱的人做男友，你得到了想要的花哨和开心，却无法得到稳定和诚恳。

所以，姗姗决心作出改变。她拒绝了蜂拥而来的狂蜂浪蝶，在角落里选择了一个不怎么起眼的男人，谈起了她也从未经历过的恋爱。

这个男人叫他小姜吧，研究生学历，理工科，毕业后进了外企做技术工作，两年后又跳槽到了移动当技术部门的一个小主管。

移动这类国企大家都懂的，就是工作稳定待遇超高。小姜工作还没几年呢，车子房子倒是都预备齐全了，现在只缺个媳妇。

像小姜这样工作好、人又老实的小伙子，正是市场奇缺的。这才露了点儿口风出去，就有一堆亲朋好友要给他介绍。之前倒也相亲了好几次，但都不太成功。原因嘛，一部分是别人嫌弃他太木讷，而更大一部分是小姜看不上别人。

你别看小姜这人是理工科出身，和尚学校和尚系的和尚班，从来都没有谈过恋爱，可人家也是有要求的。

这要求说起来也实在是俗不可耐，和别的男人并没啥不同，他就想找个好看的，最好是身材娇小、模样好的江南女子。

真是要上房就来梯子，刚好有人给小姜介绍了姗姗。这两个人的见面倒不是相亲，而是一个朋友聚会。姗姗毫无疑问是聚会的焦点，几乎所有的男人都围着她转。而直至聚会结束，姗姗都没怎么注意到角落里的小姜。

但小姜却对娇小可人的姗姗一见钟情。当然，以小姜这种完全闷骚的技术宅男，就算是暗恋上了谁，也是不敢随便动手的，两个人交集的可能性非常低。

也许是对姗姗的暗恋超越了理智，小姜忍不住在朋友面前一而再，再而三地提到了姗姗，让他的好友都感觉到了异样。

一群损友看小姜终于有了意中人，便发动起来，几次给两人撮合。要是从前，姗姗可能连看都不会多看小姜一眼，但正好她经历了几次极为惨痛的失败恋情，对于那些会谈恋爱的男人失望透顶，而又听说小姜从没谈过恋爱，是个老实到就算把他和美女关一个房间都没事的人。

姗姗不禁动了心，开始和小姜有了接触。当然，小姜也有自己的优势，譬如说他的学历高，工作好，生活又稳定，而且还是城里的孩子，各方面条件看起来都是结婚的不二选择。

既然姗姗没打算嫁入豪门，找个高富帅，那么小姜就算是谈恋爱最好的人选了。

这里要注意哦，姗姗并不是那种嫌贫爱富的姑娘，也没打算傍个大款什么的，要不然也不会有很多的要求了，人家是真心实意地想要谈恋爱，所以自然要吹毛求疵一下。

接触了两三次后，小姜终于羞答答地对姗姗表达了爱意，两个人算是暂时确立了恋爱关系。

不过这个恋爱关系的确定，也无非是口头上的。姗姗从前的那些男朋友，恨不得第一次见面就把人带酒店去，可小姜倒好，都说谈恋爱了，连手都没拉过，走近一点都像是针扎了似的，总保持着安全距离。

刚开始，姗姗还觉得挺好玩，这个男人真算是个典型的正人君子了，对他倒是蛮放心的，但几次约会之后，问题就出现了。

小姜实在是太老实、太古板了，说好每周六约会一次，那就绝对不会多约第二次。第一次约会是吃日本料理看电影，以后每次他都是吃日本料理看电影。

从来没有变化，也从来没有惊喜。

姗姗实在是受不了，提醒对方要偶尔买礼物送给自己，结果呢？小姜跟姗姗作了一个长达半小时的市场调查，把想要什么礼物、喜欢什么花、最近看中什么衣服、穿什么尺码，等等，都问了个清清楚楚，到下次果然是问到什么就买什么，礼物是有，但惊喜全无。

到约会的时候呢，只要姗姗不找话题，小姜基本上也是无话可说，只要姗姗不说去哪儿，那永远是从前的路线、从前去过的地方。

这么几次下来，姗姗觉得心好累，都感觉自己不会爱了。

这是男人的问题吗？当然是男人的问题，但这个问题你从接受爱意的第一天就应该知道。

就像我一直说的那样，你喜欢对方什么优点，就必须要接受对方有什么样的缺点。这世上的人，总有优点和缺点。老实人不出轨，但不浪漫；会赚钱的，却没时间陪你。

也就是说，当一个人身上的闪光点令你感觉到很满意的时候，另外一面就必然有缺点相伴随。**物理学上有能量守恒原则，而谈恋爱的对象也是能量守恒的。在这个世界上，没有百分之百的男人出现，所谓百分之百，那不过是因为爱的加分而已。**

大家眼里看到的一百分男人，也就是所谓的高富帅。在这些年做案例的过程中，我们见过无数吵架到离婚的，见过家暴的，见过出轨的，基本上，外表越是吸引人的，内在就越令人难以忍受。而真正近似于没有缺点的人，眼光也一定高到令人发指，完全不是普通人可以企及的。

所以说，当姗姗答应和小姜谈恋爱的时候，就是冲着这个人的老实本分，就是冲着对方没有谈过恋爱，是奔着结婚去的，所以在那个时候就该明白，这个男人是不会谈恋爱的，也不懂浪漫，不懂惊喜。

原因也很简单，浪漫这种事都是技巧，是经过训练得来的。一个男人如果很会恋爱很会给人惊喜的话，那就一定经历过许多女人，谈过很多次恋爱，说白了就是有经验而不靠谱。

而一个全无经验的人，自然没有天生而成的浪漫了，这就是优点和缺点的相互依存。

所以你谈恋爱时别老追求完美，而是要看适合。你想要什么优点，对方正好有，那就是好；你想要的对方没有，哪怕这人一堆优点，也不适合你。

人无完人，金无足赤。过日子，只选自己需要的。

❷ 教男人怎么约会之前，你自己知道吗

姗姗苦于小姜的不解风情，这既然是男人的优点和缺点，当然也只有认命。不过事情并没有那么糟糕，因为就算是再笨的男人，也可以在女朋友的训练之下，变得稍微解那么一点点的风情。

但问题是，作为需求者的你，自己懂得该如何约会吗？

姗姗很快就发现了这个问题。

有几次，她实在是受不了小姜一成不变的约会了，要求对方改变安排，重新设计约会项目。小姜顿时傻了，就问姗姗想要做什么。

可没想到，姗姗也愣住了，因为她也不知道该约会些什么。

事实就是这样，许多受宠的姑娘，从来都是男人安排约会节目，男人来决定做什么最好，她们自己都不晓得约会该干些什么。既然自己都不知道，那又怎么要求别人呢？

姑娘们最拿手的是对男人撒娇，说一切都随你，我随便的。然后男人说一个就否决一个，到最后两个人就哪儿都不用去了。

所以，自己搞清楚约会是为什么，这才是最要紧的。

A. 约会的目的是为了开心，而不是为了新鲜。

女孩都要浪漫，恨不得每次出门约会都能有最大的惊喜等着自己。但实际上，这是不可能的。

之前就说过，浪漫是久经训练的产物，可就算是再受过训练的男人，也不可能每次都给人意外惊喜。那已经不是正常的恋爱，而是要手段泡妞了。

试想一下，正常的恋爱，约会是为了什么？

爱情的培养，靠的就是相处。而约会的过程，就是让两个才刚刚开始谈恋爱的人有更多相处的时间。

这就是为什么不住在一起的人必须要约会，而同居的人约会反而少的原因。

B. 不是花钱越多就越好。

许多人在刚开始谈恋爱的时候会有一个幻想，觉得约会只要花钱越多，就一定越浪漫。譬如早上在云南吃早饭，中午到西班牙吃海鲜，晚上到法国吃晚餐什么的，一听就动人至极。

但当你真的经历过生活后会发现，在你的人生里要经历上千次的约会，这根本不是能靠钱堆出来的，而且有时候，就算是花了钱也不一定能买到开心。

如果你面对的是一个巨讨厌的人，无论是说话、样子还是举止都令你厌烦，就算这个人在你身上花再多钱，恐怕也难以让你高兴起来，更不会感觉到约会的愉快。

所以说，约会的重点并不是花多少钱，而是找对人。

只要人对了，每一次约会至少你都不会难过，只要稍稍作一些安排，就可以玩得很开心。

所以，我一直都不认同女孩子为了钱而去谈恋爱，为了钱而去嫁人。你们要知道，幸福不是靠钱堆出来的，而是靠和人相处出来的。和对的人相处，才会有幸福感。

C.约会不是满足一个人的喜好，而是让两个人同时参与。

有一个姑娘，她对自己的评价是很随和很温良，为什么这样说呢？因为她从来都不会对去哪儿约会、去哪儿吃饭提出建议。

看起来很好是吧，但她男朋友却很痛苦。因为每次说我们去看电影好不好？她说不好；我们去哪儿吃饭好不好？她说不好；我们去哪儿看日出好不好？她说不好。

虽然这姑娘从来不提出建议，却一直在否定，又不愿说出自己的喜好，所以每次约会，两个人都很痛苦，甚至都要在风中站很久，才决定去哪儿。

后来她男朋友痛定思痛，觉得这样不行，所以不再问姑娘的意见，每次都是由自己决定。这么一来，效率确实高了很多，再也没有餐风的时候了。但问题是时间一久，姑娘不高兴了，她觉得男朋友不尊重自己。

于是两个人爆发了争吵，一个觉得对方难弄，另一个觉得自己压根没发表过意见，又怎么难弄呢？

好吧，这个案例大家应该不陌生，超过七成的女孩就跟这个姑娘一样，大家都有过类似这样的经历。

这就是我在前文讲姗姗那个案例时说的，你得先知道自己想要什么。

这个姑娘的问题并不大，唯一的问题不是好弄或者难弄，也不是男朋友尊不尊重她，问题就出在她没有自己的意见上。

如果你没有自己的主见，却只懂得否定别人的意见，那你让别人怎么办。一个人如果自己都不晓得自己要什么，又如何让别人去尊重你的意见呢？

想要别人尊重你的意见，首先你就得有意见。

所以有些事情是很公平的，当你没有意见的时候，自然只能服从于别人的意见。这不是尊重与否的问题，而是一个社会机制，只能说是你活该。

谈恋爱约会是两个人的事情，需要照顾到两个人的感觉。当然，不是每一次两个人都可以很协调地喜欢同一件事情，所以就会有相互之间的妥协。

这种妥协，就是爱情的一种。**但要注意的是，你要别人妥协你，首先你得有自己的坚持。**

如果你连坚持都没有，那又让人怎么妥协呢？

所以我一直说，约会是一件两个人都需要参与的事情，这种参与不是你皱着眉头忍耐着去就好了，而是要有意见，要有坚持，同时也要有妥协。

像这个姑娘的例子，建议她以后和男友可以每人各自提一种自己想要的约会内容，然后各自妥协一次，有你喜欢的，也有我喜欢的，相互交织，慢慢融合，这才是未来婚姻的预演。

所以说，女人千万不要以为约会必须由男人做主。

所谓女权主义，并不是什么都得听你的，也不是你非要压倒男人，更不是谁都得迁就你，都得给你钱花。真正的女权主义，是你知道自己想要什么，有自己的主见，不屈服于任何权力的压迫，也不屈服于亲情的压力。你可以花男人的钱，但更要有自己赚钱的能力；你有自己的审美，并不会因为取悦别人而改变自己太多。就算因爱而改变，也只要改变一点点就好。

性格、坚持和经济能力，这才是女权主义。

❸ 用约会检验对方，百试百灵哦

姗姗后来也明白，如果自己完全让男人做主安排约会的话，自己非憋屈死不可，所以她想了个很好的办法。

她先列了一张表，把自己最喜欢做的事、最喜欢去的地方以及最喜欢吃的东西都写了下来。作为一个有品位的女人，自然还会有很多爱逛的小店和爱买的品牌，全部都写下来，然后交给了她的那位木讷老实的男朋友。

千万别以为男朋友真的可以知道你喜欢什么，就算成了你老公，这辈子能记住你喜欢吃什么就不错了，而其他的兴趣点，简直就如浮云。大部分男人这一辈子都不会去总结自己女人的兴趣点，就算你说了，人家都记不住，如果不说那就等着被虐吧。

姗姗的优点就是不纠结。她并没有像别的姑娘一样，硬生生非要让男朋友想出自己喜欢的东西，而是把自己的爱好做了列表给他。这也算是充分抓住了人的特点，她的男朋友是一个IT男，最讲程序化，就是要别人输入什么，他才会做什么。

所以这一张列表好处很多。

A. 有一张兴趣列表的最大好处，不是让男朋友知道你喜欢什么，而是让你知道自己喜欢什么。

作为女人，你应该有这样的经验，就是对某样东西长草（很想买），但时间一久很快就忘掉了。

我们许多的兴趣点就是这样被时间一点点给冲刷掉的，并不是你没有兴趣了，而根本就是忘了。所以当约会的时候，别人一问你要吃什么，要玩什么，就立刻张口结舌，没了主见。

所以，**要学会把自己的兴趣爱好记录下来。**

好记性不如烂笔头，你每次都把兴趣点记录下来后，你会发

现自己的人生其实可以是丰富多彩的，因为有太多东西等着你去玩，太多事情等着你关注。

不要让时间夺走你的兴趣，不要让记性使你变得没有主见。

B. 姗姗虽然不纠结，但不是一点脑子都没有的，这样一张列表丢给男朋友，不是完全放手，而是一个尝试，或者说一次考验。

我们虽然反对恋爱时的试探，但必要的考验还是要的，不然你怎么能观察出一个男人是否真的喜欢你呢？

我们经常说，一个男人爱你，要么怕你，要么疼你，要么宠你。而不管是哪一种，这个男人都必须要把你放在心上。

有些人是把你放在身上，只想得到你的身体；有些人是把你挂在嘴上，整天只知用嘴哄人；而真正对你好的人，是把你放在心上。

放心上的最基本表现，就是记得你喜欢什么，知道做什么才会让你开心。

而姗姗给男朋友这张列表的用意，就是看对方是真的把自己放在心上，还是随意地丢在一边。这大概是最不露痕迹的考验方式了。

而事实证明，她的考验确实成功了。男朋友在接下来的几个月里，甚至是到了很久以后，都一直用那张列表上的内容来安排，害得姗姗还更新了好多次。

C. 关于约会的考验，其实还有另一层意见。

我曾经发过这样一条微博："有钱人最高级的爱是花时间陪

你；穷人最高级的爱是舍得让你花钱；年轻人最高级的爱是不舍得碰你；中年人最高级的爱是每晚都要用你；文艺青年最高级的爱是回归平淡普通的生活；普通人最高级的爱是平淡里突如其来的浪漫。爱情没什么标准，为你去做那些看似做不到的事情，才弥足珍贵。”

每个人爱的方式都是不同的，而这种不同就在于他们缺什么，却给你什么。

譬如你和一个穷人出去，他却愿意竭尽全力地让你享受好的东西，并不在乎花钱，这说明这个人爱你爱得很深。

譬如你和一个富人谈恋爱，他并不是甩给你一张卡就好了，而是愿意花时间来陪伴你，花时间陪你一起去逛街、去玩，那他爱你也爱得很深。

这种努力为你去做他做不到的事，才是相爱中最好的东西，也是最值得感动的事。

当然，这种事不要老是拿出来考验，一次两次就足够了，知道一个人的真心后，就好好地对待，一直试探下去，只会令对方心死心冷。

❹ 最大的浪漫和最好的约会，一生只需要一次

姗姗和那个男生的约会虽然有了很大的进展。自从姗姗给了

那个兴趣列表后，男生果然没那么无趣了，而是严格按照列表来安排约会内容。

但是，久而久之，姗姗却觉得，这样的生活实在是很古板。为什么呢？打个比方吧，譬如两个人要出去吃饭，姗姗根本不需要想，就知道一定是她所列下的五家饭馆里的一家。

刚开始当然没问题，周而复始也算是件新鲜事。但时间一长，过了几个月后，就越来越难过，因为即使是自己最爱吃的东西，也不能连续吃几个月。就算是几个月没问题，但永远循规蹈矩，永远墨守成规，永远没有惊喜，这哪里受得了啊。

姑娘们虽然有自己的喜好，但浪漫和惊喜也是不可或缺的。姗姗的男朋友是完全的计划派，严格按照计划执行，连变通都不会。

姗姗把这个苦恼一说，男朋友觉得很委屈，他明明是充分尊重女友的喜好，才循规蹈矩一步都不敢逾越雷池，要是自己做主的话，那岂不是又回到从前了？

A. 要告诉别人你需要浪漫。

作为女人，首先你应该知道，浪漫这件事并不是天生存在的，而是久经训练才有的。所以说，你看有些男人特别会浪漫，其实不过是女朋友谈得多、经验足了。

当你遇见一个男人不会浪漫时，只是他还单纯，还不懂得如何跟姑娘相处而已，这不是缺点，而是优点。

所以，当你找到一个男人有这样的优点时，你不应该去抱怨，而应该学会训练。也就是说，他可以变成你一个人独享的浪漫源，而这只需要你稍微努力一下就可以。

这种努力就是要告诉他。

B. 浪漫是需要受训练的。

怎么把一个完全不懂浪漫的男人，变身成为专属于你的浪漫源呢？这件事看起来像是不可能完成的任务，但实际上，有无数人成功地做到了。

人类尚能把动物训练得听话，何况是男人呢？将条件反射法使用到谈恋爱约会这件事中，几乎是百发百中的。

经典的条件反射训练法，也叫作巴普洛夫条件反射训练，是通过一次次地对动物喂食和训斥，从而达到训练动物的目的。

对于自己的男朋友也可以这么做，而且方法很简单，总共分为两步。

首先，当他一次次循规蹈矩，完全没有给你意外惊喜时，你应该先吵一次架，要狠狠地不高兴一次，让他清清楚楚地知道你很不高兴。而当他来问你为什么时，不要绷着，就明明白白告诉他，并且要求他下一次改进。（注意：你一定要告诉他原因，别让他猜，否则这次训练必然是失败的。男人会把猜到原因当成胜利，有了成功愉悦感就没下次了。）

接着，如果他下次没有给你安排意外和惊喜，请继续翻脸吵架。如果他确实花了点心思，有了一些改变，那么，请切切记住，不管他安排得好坏与否，不管是不是真的合你的心意，请给一些鼓励。这些鼓励包括微笑、语言夸奖、亲吻、肢体接触，等等。总而言之，要让对方知道你很高兴，并且很满意。这是条件反射训练法里极为重要的一环，也就是犯错要惩罚，做好了要奖励。

许多姑娘总是容易犯一个错误，就是当男人去努力为你改变，但改变得还不够，或者在中途出错的时候，就去跟他生气，和他翻脸，这导致了整个训练过程的中断。男人会想，我为你做了那么多，到头来还是吵架，那还不如不做。

所以说，当你的男人为你付出心力时，无论他做得怎么样，都一定要鼓励，要给予奖励，这就是爱情里我们所需要用到的一点点心机。连这个都做不到，那就别提训练这回事啦。

最后一步，就是周而复始以上的步骤。当你的男人有一点进步时，要鼓励他。当你的男人不愿意作出改变时，要惩罚他。慢慢地你就会发现，你离自己想要的浪漫越来越近，而他也会越做越好。

C. 最大的浪漫，一辈子只需要一次。

训练浪漫当然很好，但也有一个很大的问题。

如果你老是持续不断地跟某个男人要浪漫，最终必然会遭到厌烦。如果你一直跟人生气发脾气，最后会有反效果。

经常有人来问问题，然后拿了答案就当作是灵丹妙药。可惜无论什么解药，药效都不是重点，重点是尺度。

也就是说，你掌握不好度，那么再好的办法也是没用的。

你平均两个月难为一下男朋友，那叫情趣。每周都要难为男朋友，那叫折腾。每天都要难为男朋友，那叫不好好过日子。

所以，作为女生，也要经常反思，自己做得是不是太过了，尺度究竟有没有把握好。

你要先想想，自己要的究竟是什么。好的约会虽然很重要，但你能约一辈子吗？你真正要的东西，不是找个懂约会的男人，而是找个能过日子的男人。

当你还把重点放在浪漫上时，只能说明你还不够成熟。只有知道未来的重点是生活，才算懂得了爱情。

所以说，这个尺度的掌握，才是把折腾变成温馨的关键。

那如何掌握呢？

很简单，你们每次的约会，平淡一点没有关系，因为那只是平时的生活。大家都是普通人，都是正常人，没有必要整日里都去搞些特别的东西。

但一个月里总要有那么一次，需要让男人动动脑筋，作些改变，让他为约会这件事出点力气。这种付出，是一种爱情的代价。而对男人来说，只有付出了代价，才会重视。同时，当他们去做一件事情并获得自己女人赞扬时，也会有成就感，进一步促进了感情的发展。

但要注意的是，你千万不要以为每一次约会都是人生最大的浪漫。

因为真正的浪漫，一个人一辈子只需要一次。这有可能是计划好，甚至是你自己规划的，譬如婚礼。这也有可能是意外的，由男人来主导，譬如求婚。但更大的可能是一次偶然，是某个雨夜的温暖，是一次亲手下厨做饭，是一句关切，是一个拥抱。

浪漫不是行为，而是一种心境。不要苛求，要等待。

❺ 知道吗？约会也可以帮你大忙哦

最后，我们来讲一些关于约会的秘诀。

约会这件事，对于绝大部分人来讲，都是享受当下，增进两个人的感情。

但它其实还有别的用途，当你抱着一定目的的时候，其实还是会帮上你的忙。

A. 约会可以看出一个人对你是否在意。

约会最大的一个功能，是看对方心里有没有你。我在前文也提到过，一个男人如果真的在意你，如果真的把你放在心里，那么，他会知道你喜欢什么，不喜欢什么。

所以，约会是一种考验。若是他每次都带你去你不想去的地方，让你吃你不想吃的东西，在你一次次的提醒下都没有任何改变，那么这个男人就算爱你也有限。

其实两个人相爱，等于是两个不同环境、不同家庭背景的人相处在一起，你们肯定有不同的兴趣爱好，有不同的品位，有不同的口味，甚至有不同的说话方式。

对于普通人来说，大家都各自谨守底线，不想为对方妥协，所以普通人在一起会起各种冲突，有各种不协调。

但对于有爱的人在一起，那么就会为了爱而妥协，担心对方不舒服，所以会为了爱人而着想。

在你们约会的时候，如果这个人一直想要取悦你，一直想要迁就你，那么不管对方做得好不好，至少他心里面是有你的。

B. 约会可以让对方知道你的心意。

约会其实也可以变成一件让你达到目的的事情。

之前有个姑娘，在作咨询的时候曾说过，她几乎所有想要的东西，都没有直接说，而是在约会时达成的。

怎么做到的呢？其实也很简单，只要三招就好：驻足、介绍和旁敲侧击。

所谓驻足，就是在你约会的时候，可能会逛商场，可能会路过橱窗，可能会看到什么杂志的封面，你停下来，死死盯着那个东西看。

如果是聪明的男人，或许就明白是怎么回事，也该知道下次节日要送什么东西给你。而笨一些迟钝些的男人或许还不懂，但他看到你的异状会询问，这个时候，就需要用到第二招了。

那就是介绍。你可以给男人详详细细地介绍你在看的这件东西，把它的正面、侧面、背景资料都说得明明白白。当对方问你为什么不买时，要流露出正在存钱，此生非得买到才如愿的表情。如果到这一步这家伙还装糊涂，那只能判定他是根本不想花钱，或者嫌这东西花钱太多。

有些东西，确实花钱很多，那怎么办呢？只有靠旁敲侧击这一招了。

譬如这个姑娘，当她想要买房子的时候，就用足了这三招。

她先是带着男人去看房子，然后又仔仔细细地介绍，但因为一套房子的代价太大，根本没有可能当礼物送。

所以这姑娘就用了最后的大招。每次都旁敲侧击地提醒她的男朋友，约会时总是会提到结婚后房子应该如何装修，应该怎么布局，把那个房子当成了两个人的梦想屋。这样一次次地敲边鼓，终于成功地注入了概念。最后这两个人果然共同付钱买了那套房。

有时候就是这样，你一点表示都没有，等着别人和你心有灵犀，这几乎是抓瞎。所有的心有灵犀其实都是旁敲侧击。就算是再情浓的一对，也没办法猜到你所有的心思。所以，要多沟通，少瞎猜。

C.约会可以看出一个人的人品。

这一条其实大家都知道，但很多人却会忽略。许多姑娘以为谈恋爱了，就算是在一起，不管对方犯了什么错，都觉得是可以容忍的。

但实际上，恋爱是婚姻的准备，如果你希望婚姻里问题少一些，在恋爱的时候一定要严苛。

恋爱并不是定居，而是一场测验。你认识一个人能多久？想要了解或者加深感情，靠的都是恋爱和约会的过程。所以在约会时如果遇到很严重的问题，不应该一忍再忍。如果是小事可以要求对方改，如果是大事情则应该当机立断。

譬如说一个人如果表现出极大的自私心，约会时完全不考虑你，也不会让着你，完全考虑自己。这个时候你千万不要想着结婚后会好，恋爱时都这样，婚后一定更严重。

譬如说一个人总是推卸责任，把功劳都揽在自己身上，把错处都归咎于你，那么以后也一定都会这样。

对方人品如何，你们见第一面时看不出来，因为这是个日久见人心的事情。唯有在生活中，从细节处，一点一滴地去发现。

每个人的身上都有缺点和优点。你观察一个人的时候，就是要用约会和生活去观察优点和缺点，如果他的缺点你不能忍受，就要果断分手。缺点可以忍而优点很不错，就坚持在一起。

其实就这么简单。

D.不要用太多花招。

最后，再作一个补救。

你看完了整个章节之后，是不是觉得一切尽在掌握中呢？是不是觉得自己只要通过约会，就一定可以办成所有事情呢？

那现在就要给你泼一盆冷水了。虽然方法有很多，许多也是行之有效的，但还是要建议大家，尽量少用花招，做人要真诚平和一些。

很多女孩子做事，非黑即白，要么就一直没有方法到底，哪怕苦死；要么就干脆耍心机到底，直到被人发现。

其实两种方法都不对，真正的好办法是十次约会中，偶尔耍一次心机。让你的耍心机、你的花招变成一种情趣。

有收有放，才有效果。

六、吵架急救手册

失恋痛苦怎么办？ 请看失恋急救手册·嫁不出去怎么办？ 请看剩女急救手册·父母逼婚怎么办？请看逼婚急救手册·相亲尴尬怎么办？请看相亲急救手册·不懂表白怎么办？请看暗恋急救手册·约会没经验怎么办？请看约会急救手册·情侣常吵架怎么办？请看吵架急救手册·爱人出轨了怎么办？请看出轨急救手册·分居异地怎么办？请看异地恋急救手册

❶ 不吵架是不可能的，老吵架是不能忍的

先讲两个故事。

第一个故事里的姑娘叫小双，是一个报社的记者，和绝大多数记者一样，小双做事麻利干脆，但性子有些急。

小双短发，年轻，外向开朗，所以从大学开始追求者就不断。她倒是也谈过好几个，但大多无疾而终，工作几年后，终于遇上了一个真命天子。

这个男生也是个记者，和小双的性格、脾气、爱好几乎是一模一样。用小双的话来说，这就是在世界上发现了另一个自己，男版的自己。

许多人都觉得，两个性格、脾气、爱好都一致的人，应该会很合适。刚开始，小双和男朋友也这么想，甚至他们的朋友也很羡慕，感觉这是天造地设的一双。

但真的如此吗？

他们在前几个月的热恋期内几乎完全没问题，不管做什么都很合适，两个人相处得惬意极了，所以从第三个月开始就决定同居。

但一开始同居，问题马上出现，而且问题就出在完全一致上。

两个相同的人，真的适合在一起吗？当你没有遇见问题时，一定会觉得适合。但真正的问题是没有经历过的人看不到、想不到，甚至理解不了的。

譬如说，两个人喜欢吃同样的东西，这很好，但东西就那么多，两个人都喜欢吃就难免要争抢，这就是矛盾。两个人性格相近挺好，但是如果都是力争要赢，不想输，那就完蛋了。连吃个饭吃个菜都要争夺一番，更别说遇到的其他问题。

再譬如说，两个人都是干脆利落的人，但脾气都急，这让他们遇到事情的时候，都会顿时爆炸，没有人愿意忍让，也没有人愿意服输。

你看到了，其实性格一致除了可以去做一样的事情外，你们还有同样的底线、同样的怒点、同样吵架的点。而两个常年生活在一起的人，每天都在碰撞，结果会怎么样呢？

就是永不停歇地吵架。所以小双和男朋友之间日日小吵，三天大吵，到最后，两个人都精疲力竭，只好分手了事。

小双在分手的那一天，居然还感觉到了轻松，虽然那是个曾经认为最适合自己的男人，但是谁又能忍受去吵一辈子的架呢？

这是一个关于吵架的故事。我们结婚，是去过日子，而不是每天逼着自己去接受争执。这种负能量的东西，如果经常有，那只能说明你们在一起不合适，过日子是不能经常吵架的。

但同时，我们又有另外一个故事。

有一对夫妻，妻子是老师，丈夫是公务员，年纪都是三十多岁，结婚将近十年，没有孩子。

在邻居和亲戚的眼里，这对夫妻简直是家庭和睦的模范，除了没有孩子之外，其他样样都好。邻居都说，做邻居十年，从没听这家人吵过架，也没见他们红过脸。如果这个世界上有最和睦的夫妇，那他们绝对就是。

按理说，这样的婚姻关系应该没问题了吧。但就在第十年的末尾，毫无预兆地，两个人离婚了。

旁人大惊失色，赶紧来劝。可这对夫妻却是和平分手，而且并没有什么太多的理由，只是感觉日子没办法继续过下去了。

很奇怪是吗？大家也都觉得很奇怪，最终他们说了一句话解开了谜底："永远不吵架的是什么人呢？只是客人。"

正常人在一起，不管感情有多深，多多少少都会有矛盾，就算你和父母之间，那么亲的关系，也总有吵架的时候。为什么会有人在十年里都不吵架呢？原因只有两个：一个是客气，他们互相把对方当成了客人，所以谨慎地生活在一起；另一个原因是他们的生活尽可能地没有交集，各过各的，所以才不会有冲突，不会有矛盾。

而这两个原因都不太像是正常的夫妻关系，所以旁人的观感往往是错的，他们觉得只要不吵架不红脸就是好的。但其实错了，正常的感情，是一定会吵架的。

所以我经常说，人生绝对不是非黑即白。不是你说做个好人，就能一辈子不说谎；不是你说人家是个坏蛋，人家就永远做不了好事；也不是今天做好人就能好到底，昨天做坏人就坏一辈子的。人生就是一个度的控制。两个人完全不吵架几乎算是没有感情，但如果天天吵架又破坏感情。

所以正常人偶尔是会吵架的，但大多数时间都很好。古话说了，夫妻之间床头吵架床尾和。所以，千万不要以为不吵架就好，我们还是要正确地理解吵架这件事。

一句话：不吵架是不可能的，老吵架是不能忍的。

❷ 吵架是对感情的证明

其实在爱情里面，许多事情都可以看到人心。之前讲过从约会来判断一个人，而这里要讲从吵架的态度来判定一个人。

A. 吵架可以让你看到人的性格。

大概没有什么事比吵架更能看出人的性格了。因为一旦进入了吵架模式，人们就丢弃了以往所戴的面具，情绪也没有把门儿的。这个时候，他们已经回到了本源，是真正的自己，是毫无掩饰的，甚至是过于激化的自己。

很多人平时看起来温文尔雅，直到吵架的那一刻，才会突然爆发，而这才是他的真面目。

许多姑娘总是看到男人和气的一面，却不晓得许多和气的人发起疯来也是很可怕的。

所以说，你没有跟人吵过架，就不知道人真正的本性。

有些人一点就着，脾气突然就来，但也消得很快，这属于暴躁型选手。

有些人不太容易生气，可如果真的生气就会坚持到底，八匹马都拉不回来，这是执拗型选手。

有些人是非不分地生气，一点小事就能气半天，这是折腾型选手。

就是从这些生气的点上，你能清清楚楚地看到人的本性，然后再决定以后要不要和他在一起。

B. 吵架的过程可以看到人品。

前文说了，吵架的时候，你是可以看到一个人的本性的，那么本性里最重要的是什么？是人品。

许多人觉得，性格好就是好，性格坏就是坏。其实错了，性格好坏和人品好坏是两个截然不同的事情。

我们见过有些男人，粗鲁，甚至粗暴，一言不合就开始生气，但这些看似鲁莽的汉子，终其一生都不会碰女人一个手指

头。反而是有些表面斯文的男人，暴怒的时候会有家庭暴力的行为。

性格，是一个人的价值观和处世方法。而人品，则是一个人的底线。

性格差的人，有的人品却很好。性格好的人，有的人品却很差，千万不可混为一谈。

怎么通过吵架看人品呢？当你们吵架的时候，首先你看对方有没有过激的行为，也就是说有没有暴力行为（热暴力和冷暴力在下面详细说），如果有任何暴力行为，那这个人的人品一定很差。

其次，你看对方在吵架的时候，有没有做出什么过激行为，譬如要自杀啊，要砸东西啊，那么这个人的人品也有问题。

最后，如果吵架之后这个人满口答应，什么事都愿意承诺，到最后却全然不算数，只当说话是放屁，那么这个人虽然不至于很恶劣，但至少说话不算话是没跑的。

由此你可以看到，人品这件事，对于我们来说是很重要的。虽然平时相处的是性格，性格不好的人的确很难在一起，但到了关键时刻，却是考验人品。如果一个人的人品有问题，平时生活得挺好，但真的到了紧要关头，致命一击就能让你爬不起来。

从吵架看到一个人的底线，这真的是非常好用的一招。

C. 吵架的结果可以看到感情。

吵架是两个人之间的争执，一般来说，大家都认为，这是一桩伤感情的事情。

但很多小的吵架，其实并不会太伤感情，反倒是会让你检验出一个人的感情。

如何检验呢？其实蛮简单的。

两个人在一起，吵架总是难免的，情绪上来了，总是有争执。所以吵不吵架并不是重点，重点在于吵完后是谁来哄谁。偶尔的吵架并不是男人的缺点，但愿意哄女人却是男人的优点。因为来哄你，首先是因为对你有感情，其次是能看出这个男人的宽容大度。所以说，吵架无论谁对谁错，最后来哄的总应该是男人，这是感情、是包容，也是责任。

这件事就变得很简单。当你们两个人吵架之后，无论谁对谁错，如果总是他来哄你，那么这个男人是爱你的，并且有一颗宽容的心。

如果吵架之后，男人总要分个正确与否，只有在自己错了的时候才会来哄你，那么他对你是有感情的，但并没有太大的包容心，心不够大。男人对自己的老婆还需要说什么对错呢？认错就好了啊。

如果吵架之后，男人总是等着你去哄他，那么不用说，这个人对你并没有太多的感情，更没有包容心和责任感，你好自为之吧。

D.不要一再测试人的底线。

最后还是要再提醒一句，不要一再测试人的底线和忍耐程度。

相信看了上面的章节，许多姑娘会故意去试探与男人吵架后男人会不会来哄自己，但还是建议大家不要随便试探，因为试探是不好的。

不要因为对人有怀疑而去试探，因为试探本身就是一种不信任。

你们谈恋爱过程中正常的吵架，可以观察，可以分析。但如果为了知道一个答案，一次次地去挑起战火，那最后得到的结果一定会让你失望。

要记住，一个再宽容的男人也是有底线的。他可以哄你一次，忍你10次，包容你100次，但到101次还是会爆发的，而且爆发之后，就不会再像从前那样哄你、忍你和包容你了。

一个男人包容你的次数是个有效数字，超过了，就没有了。

所以，珍惜男人对你的宽容吧，再好的人，也只是底线以上的生物。

❸ 冷暴力和热暴力都滚蛋去吧

说到吵架，很难避免的一件事情就是关于暴力。虽然并不是每个人都会遇到家庭暴力，但是我们每个人都应该懂得如何预防，明白如何制止。

A. 家暴是最坏的，没有之一。

我们经常在讲爱情和婚姻里遇到的事情，似乎异地恋不好；似乎金钱至上不好；似乎出轨不好；似乎没有沟通不好。但实际上，最坏的事情，是家庭暴力，没有比这更坏的了。

因为出轨啊、吵架啊，你大不了是精神上受伤。可家暴不同了，不只是精神受伤，还有身体的受伤。

更可怕的是，家暴是一种控制欲的蔓延。它不像出轨那样，你发现后，要么忍，只当没发生过；要么分手，就当没认识过。

在家庭暴力的真实案例中，绝大部分都是一边施暴一边控制，不仅不会停下来，而且还不让你离开。

家庭暴力是怎么产生的呢？就如同前文所说的，这不只是性格脾气的问题，更是人品和底线的问题。

当家庭暴力发生的时候，只能证明这个人已经彻底崩溃了，他已经突破了自己做人的底线，而且这个过程是不可逆的。

在长时间对家庭暴力的研究过程中，我们发现，家暴往往是递进型、成瘾性和不可逆的。

什么是递进型？就是刚开始不过是口角争执，慢慢地就发展到有肢体接触。这种肢体接触在开始时是很轻微的，譬如推搡一下。但再往后发展，就有一个重要的关口。如果发展成以下三样里的一样，那就算家庭暴力的正式成型，这三样分别是打耳光、揪头发和掐脖子。

只要有任何一样，那么这就再也不是吵架，而是家庭暴力了。一旦发生这样的事，并且没有更好的措施的话，之后你会发现，程度将会越来越严重，甚至变成殴打和施虐。

几乎九成以上的家庭暴力都是从第一个耳光、第一次掐脖子开始的，这就是递进和升级。

那什么是成瘾性呢？从字面意思就可以理解，就是当他第一次动手之后，心里也知道不对，也明白不可以这样，所以会道歉，会发誓，会写保证书，可脾气一旦上来，会继续动手。这个已经不是人的意志能够控制的。当他发脾气时，道歉、发誓、写保证书的那个理性已经消失了，而所剩下的，只是一个瘾君子而已。

家庭暴力的施暴者，都是家暴瘾君子，几乎没有例外。

什么是不可逆呢？这个说出来很令人绝望，那就是家暴一旦发生，就是不可逆转的。也就是说，这个人是不可能改回去的，也不可能把严重的程度变轻。

简单来说，只会有越来越严重的家庭暴力，而很少见到越改越好的。只要发生，就会走上一条不归路。

所以说，家庭暴力是一件最坏最坏的事情。

B. 家庭暴力的预防。

家庭暴力这么危险，所以最好的方法不是事后来处理，而是事先就预防。不要让好好的感情被家暴摧毁，也不要让好好的家庭陷入家暴的旋涡里。

首先，我们第一步要做的是选好对象。虽然家暴实施者并不是一个能从刚开始就看出来的人，但我们还是可以关注几个重要的标志。这里值得注意的是，很多人以为脾气不好的男人就一定会家暴，但这是错的。

家暴者有两个几乎不会出错的标志，首先第一个是瘾君子，并且有暴力倾向。譬如酗酒、吸毒的人，在酒醉或者吸食毒品后会有强烈暴力倾向的，这种是典型家暴行为者，一定要规避。

另一个是看情绪激动时有没有过激性行为。如果这个人在发脾气或者激动的时候，会完全丧失理性，做出不可思议的举动，譬如说自杀、自残、伤人，那么，他施行家暴的可能性也很大。

在最早的时候，把这种可能性给排除掉。

其次，我们第二步要做的是不去招惹暴力。说来可能很多人都不相信，许多家庭暴力居然是女孩子先动手的。

两个人本来好好的，吵架也就吵架，但有些姑娘就是爱动手，她们动手可能只是推搡，只是掐一下，只是抓一下。但是你要记住，在男人的心目中，你碰一下就算动手了，而不是看分量轻重的。

这时候，有许多男人是忍了，但也有一部分不能忍，于是还手，导致吵架变成了打架。试问有几个女人能打得过男人呢？许多时候就这样滑向了家暴。

所以姑娘们要注意，吵架时你先动手，就等于把这场争执引向了你不擅长的领域，为什么要这样做呢？为什么要把男人逼得还手呢？不要用忍耐去考验男人，因为你不晓得哪里是人理智的丧失点。

最后一点很重要，如果你的情侣已经有了家暴的行为，那么切切记住，当你们吵架到丧失理智的时候，当对方快要失控的时候，千万别留在原地，一定要立刻离开。开始吵架，就立刻离开，这是预防家暴的一个有效方法。一方面你保护了自己，另一方面你也在阻断对方的家暴形成，使得他不会再有更深入的发展。

留在原地，跟一个可能家暴的人一直吵架，这是最笨的事情，是自残行为。

C.要防止热暴力，也要防止冷暴力。

热暴力大家都知道不好，可是冷暴力的危害又有多少人晓得呢？

在家里打架，是肉体受伤，非常痛苦。但冷暴力，却是精神受伤，或许更加痛苦。

许多人，无论男女，在吵架之后，惩罚对方的唯一方法就是不说话，几天甚至一周、几周地沉默对抗，这看起来并没有那样伤害人，实际上对于感情的伤害是很大的。

打个比方说，冷暴力就像是用一张砂纸在磨石头，光滑美丽的石头被磨得粗糙了，被一点点磨小了，最后整个石头都磨没了。

这个美丽的石头，就是感情。

冷暴力看似平淡如水，但确实在把你的感情慢慢地磨灭，等到完全磨光了的那一天，你才发现，一切都来不及了。

为什么要有冷暴力呢？其实无非就是内心愤愤不平，所以想要惩罚对方，又不想表现出自己有多激烈，所以才用沉默对待。

可惜这方法是最不好的。我在这一章的开始就说过，吵架吵多了不好，但老是不吵架也不好。

冷暴力看似是惩罚，其实你把委屈憋在心里，他也把委屈憋在心里，这是一种双向的惩罚。到最后，你伤害了他，也伤害了自己，没有任何人是赢家，所有人都输了。

所以，我一贯是极力反对冷暴力的，该吵出来的架，就一定要吵出来，这个情绪不宣泄出来，留在心里面，依旧是一件伤人伤己的事情。

我们可以控制吵架的尺度，可以去要求男人先道歉，但如果用冷暴力这件事来打击人，那就是自作孽了。

当然，如果你遇到了冷暴力，那么最好分两步来处理，第一步，告诉你的爱人，这件事情对于两个人的感情是不利的，可以吵架，但不允许用冷暴力的方法来吵，希望对方可以改掉这个毛病。

如果真的一直都不改的话，那么你只能考虑自己能否忍耐下去，要是忍耐不了的话，还不如尽早分手，这就是第二步。

有些事情就是这样的，不怕人来硬的，就怕软刀子杀人。与其被折磨一辈子，还不如趁早说再见。

D.遇到暴力后如何逃跑。

最后我们要讲遇到家庭暴力后如何逃跑的问题。说到这里实际上很伤感，因为要关注这一点时，说明你已经是家暴的受害者了。

我们遇到过许多家暴受害者，她们往往处于一种非常痛苦的状态中，无法忍耐，又不知道该如何逃跑。所以，如果你有类似的困扰，请做到以下几点：

首先，你要分清吵架和家暴的区别。你和男人吵架，他偶尔推了你一下，这个不属于家暴，最多只能算是粗鲁。不要一有类似的肢体冲突就要死要活地分手，很多事情没有发生就没有发生，不要用幻想来补全。

其次，如果你真的遇到持续性的家庭暴力，那么你首先要做的不是等待，也不是到处投诉或者抱怨，更不是反抗，而是逃跑。千万别以为逃跑是一件不好的事情。当一件事情有可能脱离你的预想时，最好的办法就是逃走，以免受到伤害。保全自己才有未来，不要被家暴活生生地拖进被伤害的旋涡。

最后，遇到家庭暴力后，你要深深地明白，对方不是一直都处于一个暴力状态的，也就是说他在大部分时候都处于一种理智的状态，甚至是很美好的状态，只有在失控的时候才会处于非理性状态。那么，当你因为对方的非理性而逃跑时，会因为他的理性而重新原谅吗？

这是我们所遇见的最令人困扰的一个境遇了。许多人在遭遇家庭暴力后带着孩子离开了，然后是男人一次次地上门哀求，苦苦道歉，看样子可怜，而且确实不像是要再犯的样子，于是又回去了。等过了段时间，照样暴力，照样被迫逃跑，周而复始，一次次地重复。

前面一再提到，家庭暴力是成瘾性的，这种成瘾性，并非每天都有，而是他改不掉。所以，当这件事情连续发生时，请一定要坚持住自己，不要随便原谅。在这个世界上，有些人是值得原谅的，而有些人是不值得原谅的。

当一个男人（或者女人，当然很少见）已经发展到残忍地打你，暴力以待，这件事情就没有什么转圜的余地了。

两个人在一起，是因为爱，是因为有感情，要不然，毫无血缘关系的两个人干吗要结婚？现在已经发展到动手，发展到伤害你的身体，那就不要提什么爱和感情，根本就是一切都没有了，对方完全不在意你了，为什么还要再忍耐呢？

许多女人不能忍受男人的出轨，却可以忍受男人的暴力，请好好地想一想，究竟哪个更恐怖，哪个更无法挽回，哪个对你造成的伤害更大呢？

情侣间是不可以用暴力的，这是最后的底线。

❹ 吵架后怎么挽回（男生版）

A. 不要跟女人讲道理。

男人为什么会和女人吵架？我们暂时忽略那些斤斤计较的小男人，就算是一个非常好的男人，也会有吵架的时候。

这种架吵得会让男人自己都有些憋屈，为什么呢？因为当他讲道理的时候，会发觉自己的女人根本不讲道理。

其实，只能说你没有搞懂，女人并不是没有道理，只是她们的道理和你的道理不一样。男人考虑问题，是理智分析，会想好不好，有没有用，用理性的思路来决定一件事情对不对。但女人却是从情感的角度出发，你为什么不宠她？你为什么不赞扬她？你为什么不帮她？这和事情对错与否没有半毛钱关系，女人只是要男人的关心而已。

所以说，男人不要去跟女人讲道理，要你关心你就关心，这就是爱情。

但很多男人却不这么想，他们觉得憋屈啊，非要跟女人争个对错。请你仔细而又理智地去思考一下，对错的争论是不是应该在相同的舞台和轨道上才有可能呢？

如果两个人的脑子根本有不同的评判标准和价值观，如果你们根本没有在讲事情的同一面，那么又怎么会有对错之分呢？

你去争辩，去争执，这根本就是一件无谓的事情。当然了，这里也要分，如果是原则性问题，当然是需要努力争取一下的，毕竟很多女人都没有强大的逻辑性和利益分析能力，你可以尽力地来分析一下。但如果是日常的小事情，任何争执都是无用的。

你争得越多，她会认为你爱得越少，所以，不争有时候才是一种爱的表现。

不跟女人讲道理，这看起来很无理取闹，但却是许多家庭和睦的秘诀。你既然爱上了一个女人，并且要把她娶回家，有些事情早该料到了。若是忍不了，早干吗去了？

忍着吧。

B. 不要解释什么，跟自己的女人，认错就好。

忍是忍，但吵架后不是靠忍就能解决问题的。

很多男人吧，他吵是要吵的，但吵完之后就后悔，后悔之后还要解释，解释了又争辩，结果再度吵起来。

有意义吗？

之前就说过，男人要宽容和有责任感，既然你吵架是吵不赢的，那么干脆认输就好。作为一个男人，在外要硬，在家要软。

为什么呢？因为你在外面是奋斗、是干活、是打仗、是去赚钱，那些人和你都只有利益关系，甚至大多数都是竞争者。

而你回到家里呢？家人才是属于你的，你在外得来的一切都是给他们，既然如此，和家人还有什么可硬的呢？

有能力的男人，都是在外面说了算，在家里算了不说的。

所以，当两个人吵架，你还需要解释什么呢？乖乖地去认个错吧。其实女人真的并不想搞明白谁对谁错，她们要的只是个安慰，只是要你让着她们。

男人在吵架之后最好的办法，就是赶紧地去认个错，然后等姑娘心情平静下来之后，再慢慢地讲道理，这样她们心情也好了，道理也能讲得通，可谓是一举多得。

有些事情就是这样，看起来很难办，不过是你处理的方法和顺序错了而已。只要把顺序搞对，一切都可以迎刃而解。

永远记住，女人最要紧的就是情绪，情绪不好，一切都错，情绪好了，一切都对。

C.礼物不在价值，而在于惊喜。

如果你犯的错比较大，那毫无疑问，一定要用礼物来取悦对方，讨人欢心啊。

这个世界上只有两种女人，一种是爱礼物的，一种是特别爱礼物的。

所以，你只要去送就好了，这对于抚平一个人的怒火必然有效。但对于女人而言，收到礼物很高兴必须有以下几个条件：

首先，她必须是喜欢你的。如果是一个死缠烂打的追求者，看了就很生气的话，就算送再多的礼物也不会接受，反倒会觉得越来越烦。

其次，你若知道她喜欢什么，会事半功倍。对于女人来讲，她最高兴的事情，就是被心爱的人重视。而如果你知道她喜欢什么，爱什么，想要什么，并且买来送给了她，那么无论什么样的女人都会被你感动。

最后，要记住礼物并不在于价值，而在于惊喜。虽然价值高的东西会让许多人开心，但突然和意外更重要一些。女人的预期是一件很奇妙的事物，若她的预期里应该有礼物而没有出现，则愤怒加倍；若她已经预期到礼物并且得到了，那么不会有欣喜只会有满足。只有在她们毫无预期的状态下猛然得到了自己想要的东西，这才是送礼物的最高境界。

为什么有的男人一直被认为是浪漫的？就因为他们学会了给女人低的预期，却突然拿出了完美的礼物，这种突然调动起来的情绪，大概没什么女人可以抵挡得住。

送礼不在贵，而在于心。

D.拥抱是最后的答案。

最后要告诉你的是，一切东西都可以忽略不计，如果你们两个人真有很深的感情的话，那么，最奏效的方法，或许只是一个拥抱。

女人和你吵架或者跟你冷战，原因往往只有两个方面，要么是她真觉得你做错了事情，要么是她觉得你忽略了她，想要你多理睬她。

但不管原因是哪一个，最终缺乏的，都不是物质上的东西。之前一再说过，女人是情绪动物，一切都在于情绪，就算是送礼物、请吃饭或者做什么，也只是为了安抚情绪而已。

而有一个办法是最好的情绪安抚剂，那就是拥抱。

男人总是给人的拥抱太少，这个或许不只是某一个人的问题，而是这个国度和民族的文化。中国人总是羞于表达自己的情绪，他们内敛、含蓄，不愿意告诉别人自己有多爱她。

所以，在中国的家庭里，总是能看到吵架却看不到拥抱，这是最可惜的。

拥抱是两颗心贴得最近的距离。许多时候，就算吵得再天翻地覆，也只需要一个拥抱就能愈合。因为你们之间并没有感情的问题，只是没有告诉对方，你爱她而已。

吵架是一种力量的对抗，是相互的排斥，使得你们的心有了距离。而拥抱却是弥合这种距离的最佳方式。

如果你惹她生气了，请不要多说话，乖乖地认错，然后过去给她一个拥抱，就算被推开也没关系，紧紧地拥抱你爱的女人吧，她会被你融化。

有时候，爱就是这么简单。

❺ 吵架后怎么挽回（女生版）

A. 为什么男人不来道歉？

我之前一直在说，女生和男生吵架后，都应该由男生先来道歉。如果看到这一点，姑娘你就一直等一直等一直等，那么有很大的可能会等到白了头都没有等来。

这里有很复杂的原因。首先，你的男人很可能没有看过我的书，所以不晓得吵架后道歉这件事需要男人先主动，所以根本就等不到。

其次，也有可能在整个感情里面你们处于一个不均衡的地位，一直是你求着爱他，是你上赶着追求人家。在这种状况里，男人会高高在上，而你就比较卑微，所以即使是吵架了，对方也想不到说要来哄你。

再次，两个人吵架，不一定每次都是你对，有可能是你无理取闹，让男人感到很委屈，他就不会来主动道歉，而是希望你先放低姿态。

最后，还有一个可能，就是这个男人死要面子或者大男子主义，在他的心目中，女人依然是一个从属的地位，道歉这种事，就应该由女人来做。

说白了，男人不主动道歉的最主要原因，基本上都是还绷着，只要能够给他们一个台阶下，那应该都可以拿下。毕竟男人是一种害怕吵架的动物，他们怕烦，所以总是希望能够尽快解决争吵，而不是一直这么拖下去。

如果他早早地来跟你主动道歉，那就一切好说；若是没有，那么我们就要动用一些手段了。

B. 先给人一个道歉的机会。

首先，如果你的男人真的是个呆子，不晓得主动的话，这时候，你不要过分拘泥于谁应该先道歉的事情，当然，并不是让你主动去认错哦，这个时候，我们应该学习之前暗恋时用过的花招，就是勾引而不勾搭。

什么意思呢？就是你不能躲着对方，不能摆出一副油盐不进的姿态，要留足机会给对方，让人家想起这件事情需要道歉啦。

最简单的方法，就是吵架后不要躲开分别冷战，而是多多地出现在人家的面前，不需要说话，不需要理他，只要你出现的次数够多，样子够可怜，很多男人就已经忍不住要来哄你了。

如果你的男人是比较大男子主义的，他碍于面子而不想主动对你道歉，在这种情况下，可能你在他面前晃再久也没用，所以只能用第二个方法。你可以跟他先说话，给他一个台阶下，让他把脸上的那个面子给过去了，然后再跟他分析下刚才谁对谁错，是不是他应该来向你道歉。

这时候要记住，如果两个人同时都要面子，那么这一架就吵得无休无止了。所以，我们要懂得变通，当对方死要面子的时候，不如先软和一下，给他个台阶下，等这股气儿过去之后，再好好地讲道理，把面子给要回来。

我们经常讲情商，什么才是情商呢？就是不凭着自己的喜好去做事，而是本着把事情做成功的宗旨去做事。

C.实在不行就发发嗲。

当然，还有另外两种情况。

譬如说，当一件事情本来就是你不对在先，这个时候，有一部分好男人会息事宁人地来找你缓和关系，但绝大部分正常男人都不太会主动道歉。这也是可以理解的，他们心里还委屈着呢，既然错不在他们，自然不愿意低声下气了。

这个时候姑娘们往往也不太愿意去主动道歉，很多女孩儿总是脸皮薄，所以在这种情况下，或许我们可以绕开事情的对错，甚至都不去提它，只需要发个嗲，卖个萌，把对方逗笑就好。

还有一种情况，就是你们在感情里地位差，你本来就是求着对方爱你的，本来就是看人家脸色的。在这种情况下，就算真的是对方的错，他也不会向你道歉，倒是很多姑娘喜欢贱贱地跑上去主动道歉。

但是你要知道，如果你犯贱的次数太多，主动低头的次数太多，就真的不值钱了，以后他对你会越来越不好。即使在爱情里你的地位比较低，但也不能低到尘埃里。

所以说，用发嗲来代替主动上赶着道歉，是最好的方法。

当然，还有一些姑娘，这辈子都没发过嗲，也不晓得怎么发嗲，所以这儿传授一招发嗲的基本功。

发嗲这件事，其实很简单，主要做好三个方面就好，分别是声音、动作和神态。

声音要低而娇媚，拖长音，发嗯（三声）这个音。

动作要摇晃，身体轻轻摆动，手攥着对方的手也轻轻摇晃。

神态要一脸无辜，轻轻咬着嘴唇，有我见犹怜的感觉。

只要做到这三样，发嗲是百发百中的，试着练一练吧。

D.最后的一次挽回。

如果所有的一切都不奏效，如果对方表现出一种特别坚定的绝对不原谅的态度，那你就要小心了。

恋人之间都是床头打架床尾和的，基本上吵是为了更好地在一起，而不是为了分手。

但如果遇到特别坚决、油盐不进的，那就要小心了。这种状况，是有人想要借此分手。

男人是一种推卸责任的动物，他们在想要分手的时候，往往会有两个选择：要么就是突然消失，不接电话不见人，从头到尾都看不到，只当这个人不存在了；要么就是在吵架的时候顺势选择不原谅，把责任都推到你头上。

所以很多姑娘都会奇怪，明明是一件小事，一场小争吵，可为什么偏偏就闹到要分手呢？真实原因并不在于你们在吵什么，这件事情是什么，而是这个男人早就想分手，不过是借此机会发难而已。

当你遇到这种情况时，先作好一个不太好的心理预期，然后再一本正经地与这个男人谈一谈，不要为那件事继续争吵，而是回顾一下两个人的曾经，然后问他，究竟真的是因为吵架，还是想分手。

如果这个男人沉默了，那么就算了吧。

有些人会来，有些人会走，找的理由都不同，但原因都一样。来是爱，走是不爱，并不会有其他特别的原因。爱你时，能忍你的刁蛮任性；不爱你时，连一句话说错都忍不了。世上最温暖的是爱，最凉薄的是不爱，仅此而已。

七、出轨急救手册

失恋痛苦怎么办? 请看失恋急救手册·嫁不出去怎么办? 请看剩女急救手册·父母逼婚怎么办?请看逼婚急救手册·相亲尴尬怎么办?请看相亲急救手册·不懂表白怎么办?请看暗恋急救手册·约会没经验怎么办?请看约会急救手册·情侣常吵架怎么办?请看吵架急救手册·爱人出轨了怎么办?请看出轨急救手册·分居异地怎么办?请看异地恋急救手册

❶ 不要疑神疑鬼

这个章节，依旧从一个故事开始。

这个故事的女主角叫可可，名字虽然挺好听，但并不是那种一眼就能令男人神魂颠倒的美女，甚至对很多人来说，可可显得过于普通。

就是走在人堆里会找不见的那种姑娘，出生在普通的家庭里，读书普通，才能普通，长相中流偏下，有些微胖，读了个三流的大学，出来后靠亲戚朋友介绍当了个房产小中介。

这样的姑娘本来没有什么可以夸耀的，大概和我们一样，做个平凡的人，默默过日子就好了。但可可却有一点很值得夸耀，那就是她找了个非常好的老公。

怎么个好法呢？大概所有人看到可可和她老公站在一起，都会感觉不太相配。可可不到一米六，属于江南女子，娇小柔弱。

而她老公有一米八，高大帅气，那长相都可以去当模特了。可可是普通学校毕业的，而她老公却是顶级名牌大学的毕业生，工作也在跨国企业。

这么大差距的两个人，又如何会走到一起呢？其实也算是一个巧合。

当初可可老公刚来这个城市漂泊时，没工作也没钱，属于最底层的×漂，一个人苦熬着又想要租个地方住。他当时能租得起的，大概就是地下室这样的地方。但这男人是做技术的，必须有一些要求，譬如说网络信号啊，必须离单位近啊，必须离电脑城近啊，等等。这对于中介来说，简直是最糟糕的单子了，麻烦不说，而且即使是做成了也不过只有几百块的佣金，所以，都没人愿意为这个男人服务。

当时只有可可陪着这个窘迫的男人在大冬天里一个一个地方跑，花了有小半个月的时间才找到合适的地方。而给可可的佣金呢？不过区区400元钱而已，而这小姑娘居然还请人吃了饭，买了日用品，把佣金给花完了。

可可当然不是为了佣金，她只是心善，觉得人家不容易，所以才会尽心尽力地帮忙，也没有什么非分之想。

但男人却是上心了，几乎所有的男人对于贫贱时遇到的善良女人都有一种强烈的归属感。所以在第一次拿到薪水时，他就迫不及待地为可可买了一份礼物。

一次次的约会中，这男人终于向可可表白了。说实话，第一次的表白把可可吓得够呛，她哪里会想到这么帅气的男人会喜欢自己呢？但那个男人锲而不舍的追求终于把可可给感动了。一年后，两个人顺利结婚。

婚后几年很是甜蜜。可可生下了一个女儿，日子过得不错。而她老公更是进入了事业的黄金期，几乎成了跨国公司驻当地的老大，还管着几百号人，薪水更是达到一年几十万的金领水平。

按理说，这日子越过越红火是好事情，但可可的烦恼也越来越多了。她婚后体态丰腴，身材走样，也没有做合理的护肤，看起来和老公的外形差距拉大了。两个人走出去，就能看出旁人眼里的笑意，甚至连可可的闺蜜都颇为嫉妒地说她真是要小心，别被外人给抢走了好男人。

也许是产后忧郁的原因，可可总觉得丈夫不太对劲，一会儿觉得他出差是跟女秘书鬼混去了，一会儿觉得加班都是骗她的，其实是出去胡搞了，到后来，甚至每天都疑神疑鬼的，觉得老公的每一个电话都有问题。

于是，可可开始了她的探寻真相之路。

这里要注意哦，可可并不是找到了什么确切证据才开始寻真相的行动，而是完全凭着想象和瞎猜，连蛛丝马迹都没有，就因为幻想而要去怀疑人。

这是相当一部分姑娘喜欢干的事情，她们称其为第六感。虽然女人的第六感有时是很准的，但瞎猜不是第六感。

可可的寻真相行动非常过分，第一步就是盘问。老公只要晚回来，就一定要细细地问上一两个小时，加班就更加要考问了，甚至还经常冲去单位查岗。

第二步是控制。可可要老公把所有邮箱、QQ、微博、微信的密码都交出来。为了这个事情，夫妻俩吵了无数次架。可可最后简直到了撒泼打滚的地步，一口咬定老公不交出来就是有问题。无奈之下，她老公只好愤然都丢了出来。从此以后，可可开始每天查看丈夫的各种账号，每天回家验看手机短信。

说实话，一个出色的男人，身边怎么着都会有些狂蜂浪蝶。可可抓住了几个女人给老公发的所谓“亲密短信”，更是得理不饶人，开始全面刑讯逼供。

第三步是逼迫。可可自从发现所谓的证据后，就变本加厉地对付老公，监控的各种手段就不说了，后来居然发展到了跟踪，甚至打电话去女同事那边骂人，最后她开始逼迫老公辞职，原因只是单位里有女孩儿喜欢他。

在整个事情过程中，可可的老公几乎是完全无辜的，该交的账号也都交了，该坦白的事情也都坦白了，而那些女孩追求他给他发短信也都拒绝了，可以说，他对外界的诱惑完全没有任何回应。

但可可却把这种诱惑全部责怪到老公身上，两个人越闹越厉害，可可好几次跑到男人单位里去哭闹，指斥自己男人是负心汉，说另一个姑娘是小三，活生生把姑娘给逼得辞了职。

事情闹到这个地步，男人就算脾气再好也不能忍，于是提出了离婚。这下好了，可可更是认定这个男人是白眼狼，有了外遇。两个人闹了快有小半年，最后还是离了婚，孩子归可可带，男人在一年后再婚。

如果回溯整个事件的话，我们会发现一些很悲剧的事情。严格意义上来说，可可的丈夫并不是负心汉，也没有所谓的小三，但却活生生地被逼上了离婚这条路。为什么呢？因为女人有一个很大的毛病，就是疑神疑鬼。

A. 没发生的就是没发生，不要去臆测。

需要告诉各位姑娘的一点是：疑神疑鬼在任何感情和婚姻里都有害。

一定要记住，事情没有发生，那就是没有发生，千万不要去臆测。

很多姑娘喜欢幻想，在恋爱之初总是把男人想得有多好，这都是假的。而结婚后又老是幻想男人会如何出轨，这大多也是假的。

幻想是一粒会自己滋长的种子，有时候能抚慰人心，有时候却有毒，会让一些不存在的坏事在你心里发芽，慢慢覆盖你的心，甚至遮住你的眼睛，让你以为事情真的会发生。

可可就是这样，她把想象当成了事实，用不存在的幻想去惩罚自己心爱的人，这毫无疑问是世界上最蠢的事情。

B. 第六感都是从事实而来，没有事实的是瞎猜。

女人总说自己有第六感，毫无疑问，确实是有的。

但与此同时，你真的能搞明白幻想和第六感之间的区别吗？

可可也觉得自己是第六感，所以才会发起攻击的，但到头来，却证明不过是一场幻想。

区别在何处？

你要记得，所有的第六感都是以事实为依据，这才会有感应。没有事实为依据的第六感，都是瞎猜。

譬如说，当你发现这个男人每天都对着QQ傻笑，每天都会很晚回来，并且身上还有香味。有了这些事实，你再来个第六感，准确率自然高。

如果什么都没有，光是凭自己心里想，那不叫第六感，纯粹是瞎猜。

C.攻击性的管理，会把男人逼上绝路。

我之前一再说过，婚姻里对男人的管理是需要的，但管理又分为温和性管理和攻击性管理两种。

像可可所做的一切，什么跟踪、闹事、收缴各种密码，都是带有攻击性的管理方式，你在用伤害别人的方法来管理男人，虽然眼下看是很奏效的，可实际上却是饮鸩止渴。

许多好男人会忍耐身边爱人的攻击，但这种忍耐不是没有限度的。有一部分姑娘在看到男人步步退让后，总觉得这是软柿子，可以一直捏。

但实际上，好男人的忍耐都不是忘记，你对他的攻击，都会在心里的一个地方存储着，等累积到一定的总量，就会爆发出来。

别以为这就是人家不好了，这是人性。在这个世界上，没有哪个人是生来就要被你欺负、攻击并且不晓得反击的，能够忍，已经是一个人可以做的最大让步了。

像可可的老公就是这样，一直忍一直忍一直忍，到最后突然爆发，然后就是不可逆转的结局了。

D.你的目标永远不是离婚。

最后，你要明白，不管是怎么怀疑，不管是怎么闹，不管是怎么管理，你的目标永远都不是离婚。

你是因为有爱才会去做这些事情的。如果没有爱，谁愿意吃力不讨好地做这些事情呢？不管你承认与否，做女人的，都是有爱才会关注身边的男人，只是放不下才会去做各种事情。

基于这个原因，有件事就很明白了，那就是无论你做什么，不管你在想什么，无论你怀疑什么，目的都不是离婚，而是想把日子过得更好。

既然要把日子过得更好，那就不是闹分手的做法了。若是真的想分手，直截了当地分就好。要闹就是还想在一起，还想在一起，那就用在一起的方法。

❷ 出轨是很明显的，有必然的证据

A.男女出轨的区别。

这一节讲讲什么是出轨。

几乎所有女人都讨厌出轨，几乎所有男人心里面都有一个出轨的梦。但在这里，必须要说一句公道话。

出轨这件事，并非是男人独有的。从我们的统计来看，男女的出轨比例相差并不是很悬殊。当然，男人和女人出轨的方式是不同的。

男人是欲望的动物，他们出轨的原因更多是身体欲望的发泄，所以比较多见生理性出轨。

而女人是情感的动物，她们出轨的原因更多的是因为缺爱，所以比较多见心理性出轨。

值得注意的是，女人如果与别人上床了，那么心也在别人那里。而男人即使是与别人上床了，并不代表会和别人在一起。

这就是男女之间出轨的区别，男人对待这件事情更无所谓，而女人一如既往地专一。

一个出轨也出得虚情假意，另一个连出轨都出得很专一。

B. 生理出轨。

出轨分为三种，第一种叫生理出轨。大家应该都好理解，就是身体出轨，跟别人上床了。

如果再更细地纠结一下的话，什么才算生理性出轨呢？是不是非要上床或者正式做爱后才算呢？

严格意义上来看，有情侣之间才可以有的身体接触就算，譬如虽然没有做爱，但是脱了衣服缠绵。又譬如两个人之间的舌吻。这都是超越了普通朋友的身体接触，都应该算是生理出轨。

很多男人的生理出轨都是逢场作戏，譬如说嫖娼、去夜总会，等等，是不是真的如他们说的那样，只是身体的放纵，而没有任何心理波动呢？

其实不过是借口，任何生理出轨都带着少量的心理出轨。最简单来看，男人在发生关系的瞬间，整个心理对于那个女人是会产生好感的，这就是一瞬间的心理出轨。

而对于女人来说更是如此。几乎所有女人的身体出轨，都是在心理出轨之后，说白了，女人是先爱上了对方才会出轨的，一旦出轨，心就回不来了。

C.心理出轨。

如果让人作比较，身体出轨和心理出轨哪个更不可原谅，几乎毫无意外的，大部分男人觉得身体出轨不可原谅，而大部分女人觉得心理出轨不可原谅。

那什么是心理出轨呢？

简单来讲，就是当一个人爱上了婚姻外的另一个人，就算心理出轨。而如果细究的话，可能会比较复杂。

我们在漫长的人生中，虽然会和同一个人过完，但心难免会有放风的时候。再好的人，一年两年没问题，十年二十年里，难道就没有一个人会让你心动吗？再纠结一些说，你走在路上，难道不会为一个性感的女人或者帅气的男人而遐思一小会儿吗？

所以说，完全没有心理放风几乎是不可能的，这对于圣人都是不可能完成的任务。重点就在于，遐思就只是遐思，不要有任何动作就好了。

心理出轨的真正定义就很明白了，那就是当一个人对于婚姻外的人有遐思，爱上了对方，并且为此而努力，这就是心理出轨。

姑娘们要看明白咯，心理出轨的前提不只是想一想就好了，还需要有行动的。如果完全没有行动，就不要随便给别人判定罪责，有些男人，就是被你自己一步步给逼出轨的。

D. 态度出轨。

第三种出轨方式，就不是每个人都了解的了，我把它称之为态度出轨。

什么意思呢？就是一个人虽然还没有爱上对方，也没有身体的出轨，但是在他的态度上，已经不把自己的女朋友和老婆当成唯一了。

说白了，就是他给自己的心房开了一扇门，虽然还没有人从这扇门进去，但他已经开门迎客。

这种态度出轨的，包括了隐婚、地下恋、和女人暧昧、不拒绝追求者，等等。

隐婚和地下恋是最明显的，不想告诉别人自己的感情经历，就是要留出机会给更多的人，这种态度本身就有问题。而暧昧呢？已经和出轨只有一步之遥，稍微再发展一下，可能就无法收拾。

最后让人叫屈的是不拒绝追求者这一项。有很多人都不懂如何拒绝追求者，甚至觉得，对方有追求自己的权利。

但实际上，一个有恋情或者有婚姻的人，是没有资格被人追求的。如果只是人家死缠烂打，那还情有可原。但许多人还会去和追求者吃饭，去和追求者看电影，这是什么行为？是开门揖盗的行为。

如果你真的不希望被追求，有几百种方法可以拒绝。没有实实在在地拒绝，甚至还惦记着跟人出去约会，无非是没有那么想拒绝而已。

这就是态度出轨，也就是出轨预备时。

E. 出轨的N个小症状。

之前一再说，出轨与否，你幻想是想不出来的，它实际上是有一些小小的细节和马脚的。

譬如说有以下几点：

总是对着电脑傻笑，问他又没什么原因，这大概是网上有了心仪的人；

突如其来的反常时间表，爱睡懒觉的总是起早，准时下班的总是晚回家；

总是在外面洗澡；

穿着你从来没有见过的衣服；

一直有人送礼物给他；

有不知去处的金钱流动；

突然不愿意跟你一起出门或者不愿和你一起出现在朋友

面前；

回家总是把手机关静音，或者来来去去都带着手机，一秒也不离身；

……

以上这些，都是人们出轨时会暴露的蛛丝马迹。当然了，出轨的症状不止这么多，根据每个人习惯的不同，总是会有不同的变化。

关键是，一个人在长期的生活习惯里，突然有了毫无理由的变化，而这种细节的变化又不止一点，有好几点同时出现，这就值得怀疑了。

❸ 兵马未动粮草先行，不打无准备之仗

A. 不要着急行动。

发现爱人出轨怎么办？很多人会选择立刻吵架，甚至马上翻盘，要对方作出抉择。而结果会如何呢？对方立刻百般狡辩，各种推脱，你查到的蛛丝马迹在你眼里是铁证如山，但到了对方嘴里，几句话就能说出一个解释，你相信不相信都不能拿他怎么样，到最后，反倒还是你无理取闹。

所以说，当你察觉到蛛丝马迹的时候，首先要做的不是摊

牌，而是冷静。

一个人只有冷静下来，才有可能作出正确的选择。如果你被愤怒冲昏了头脑，那么你接下来做的所有事情可能都是错的。

这就是所谓的正确选择和情绪选择之间的区别了。如果你被情绪所控制，那么你一定会去行动，而这种行动是错误的。

而如果要作正确的选择，那么你应该用所有的意志力使自己冷静下来，并且阻止自己去直接质问甚至是发起冲突。

当你有对方出轨的怀疑时，请先努力调整好自己的情绪，这才是你要做的第一件事。只有冷静再冷静，你才能展开下一步行动。

因为之后发生的每一件事、每一个选择，都有可能影响你的一生。

镇定和冷静，是第一步。

B. 行动之前要先做好的准备工作。

冷静下来后，第二步做什么呢？再仔细想想的话，你会发觉，这个时候直接去质问对方是毫无效果的。这就是我让你们先冷静的理由所在。如果不冷静，你绝对得不出这种理智的结论，你只会一味地冲去质问人。

为什么质问没用呢？试想一下，一个孩子做了坏事，如果不是被当场抓住，都会竭力狡辩，又何况是大人呢？

拒绝承认自己犯下的错误，这是人性。所以，你根本不可能在质问时得到真相，所能得到的，唯有谎言和借口。

如果你真的想知道真相，那么行动前首要的准备工作，就是把证据找到。要把一个怀疑变成证据确凿的抓包，是有很多工作要做的。

你可以通过移动公司查对方的各种通话记录，你可以破解对方的QQ聊天记录；你可以想办法看看他的微信聊天记录。

我之前说过，不可以用攻击性的管理方法，所以很多人会觉得，这些方法太有攻击性了，都不能使用。

这就是做人不晓得变通了。

不可以用攻击性的管理应对，是指在平时的生活中，在正常的生活里。但如果你已经确信对方出轨，那就不同了，许多手段都可以用出来。前提是，一点点地查，不要被对方发觉。如果确实查不到线索，那人家就的确没有出轨，是你瞎猜，就不要再提起，把心放肚子里吧。

在这个过程中，许多人会犯两个错误，都是矫枉过正。有的是干脆不查，觉得有就有，没有就没有，这属于躺倒耍赖。还有一种是拼命去查，但什么都没查到，这时候反而更加执着，会用更激烈的手段加码，仿佛不查出问题就誓不罢休，这是迫害妄想症。

两种方法都是错的。正确的原则是：当你发现问题时，就去查相关的事情，如果检查一圈下来没有问题，就把这一切都忘掉，好好过日子。

C. 先小人后君子。

那么，如果真的查到了问题，又该怎么办呢？

是不是立刻去找对方摊牌，讨一个说法？

这时候要记住了，你这不是“秋菊打官司”，你也不是祥林嫂，你所需要的不是一个说法，不是一个道歉，也不是一个承认，你要的是结果。

所以，一切都要为了结果而行动。

如果真的证据确凿，你要做的第一件事，叫作先小人后君子。

如果你有孩子，请在决定离婚之前，把孩子送回老家。因为我们见过无数的离婚案例，都是男方扣住了孩子，女人为了见孩子一面而放弃所有条件，最终被迫净身出户。

如果你有大额存款，请尽快转出，或者做资产信托，所谓过错方净身出户，有时候不过是说说而已。

如果男人有公司或者企业，请去探查下他还有没有其他的小金库及你所不知道的资产。有太多时候，男人理应支付的抚养费，被一句没钱而赖掉，而自己变成了乞讨。

有时候想想，恋爱和婚姻到了这一步，实在是没有意思。但其实你应该想得再深入一点，到了这一步，本来就没有什么爱情可言了。

两个人是因为相爱，所以才在一起，才会结婚。而没有了爱情，就只有分手，这时候就不需要用感情来影响其他的事情了。

不管你分不分手，有些事情就是需要先作准备的，这是先小人后君子。

D.你不下手，可能别人就下手了。

为什么要先小人后君子呢？在那么多年的案例工作中，我们发现了一些规律。

在女方出轨的离婚案件中，常常是和平分手，大家协议离婚，没有太多财产或者抚养权的问题。

但是在男方出轨的离婚案件中，问题就比较多了，并且有规律可循。

一开始，总是女方占理，各种得理不饶人，男方开始讨好祈求，试图挽回。在这个过程中，有超过一半的女人被感动并且确实回头了。

而剩下的一半呢？坚决不原谅，还是要求离婚。这时候，刚才还诚恳祈求的男人们，却已经开始非常理智地做事了，他们会转移资产，藏好房产证，甚至把小孩给控制起来。

有些事情就是这样的，为什么在感情世界里男人总是占便宜？因为他们发现事情不可为时，总是能够理智地去争取最大的利益。

而女人总是在感情的旋涡里苦苦自残，压根就忘了未来怎么办。

所以，我们见过太多的案例是，在男人出轨的情况下，女人却净身出户；也见过太多的案例，是男人把小孩丢给前妻，自己跟小三双宿双飞，每个月给抚养费如同施舍。

所以，我经常说，即使你真的要离婚，即使你一定要把孩子带走，也必须给男人足够多的惩罚。不能让一个出轨的男人在离婚后依旧能享受到出轨的福利。

这就是我跟你们讲的，要先小人后君子的理由。

❹ 不分手的处理办法

A. 想要的结果决定方法。

等到所有准备工作都做好了，我们来讲最后的处理方法。

在这个世界上，并没有完全一致的结果，更没有完全一致的过程。所以，你想要一个什么样的结果，就决定了你将会用什么样的方法来处理。

在发现对方真的出轨后，你一般有两个结果可选择：要么分手，要么不分手。

为什么要大家从开始就选择自己想要的结果呢？因为不管你选哪一个，都有足够多的方法来处理，来获得你想要的东西。

唯有纠结于选不选，患得患失，才会让你输到底。

所以，从一开始就要选，而且选定后就不能再改变，无论别人说什么，无论发生了什么，无论想到了什么，都不能再更改。只要你改，那就输定了。

这一节先来讲决定不分手的结果。

在发现爱人有出轨迹象后，立刻想要分手的人大概有九成，但真正能坚持到分开的概率不到三成。

为什么呢？其中有好几个原因。

第一个原因，是自己的情绪问题。当时想要分手，想要离婚，是知道爱人出轨后的一时气愤。等过段时间，对方来道歉，脾气过了，情绪过了，也就没有那么想分开了。

第二个原因，是因为外部的压力。一旦提出要离婚，周围的人、朋友、亲戚乃至父母都会像炸了锅似的反对，在这重重压力之下，很多人都会被迫改变抉择。

第三个原因是孩子，更多的女人是因为怕孩子失去父亲而被迫忍受婚姻。

有了以上三个理由，70%的女人都选择了忍耐对方曾经的出轨，而和他继续生活在一起。

这个世界上，没有好的选择，也没有坏的选择，只要你想要，那就坚持下去吧。

B. 小三永远在等待正房犯错误。

悲哀的是，有时候，并不是你不想分手，就可以不分的。男人在刚刚开始有外遇的时候往往很过分，一心想要离婚，想要抛妻弃子。

这个时候，该怎么办呢？有一些女人可能真的就离婚了，放男人走。但我并不是很认同这么做。还是那句话，对出轨的人要给予惩罚，不能让他们过得如此舒服。

就算要离婚，也不能便宜了小三。

男人有外遇，找的小三可能比你年轻，可能比你好看，可能有一些你没有的东西。但是，千万不要自卑，因为她不过是你的从前，却没有你现在拥有的一切。

小三不管有什么优点，她的目标都是要取代你的位置，所以，优势是在你这一边。

而从另一方面来讲，虽然男人在前期的感情天平会倾向于小三，但这也是一时的情绪冲动。在人的生活里，有一件事情比情绪更厉害，甚至是可以超越爱情的，那就是习惯。

一个和你在一起生活了十年乃至几十年的男人，外面的女人对于他来说，当然会产生新鲜感，甚至是爱上对方。但是，他却早已习惯了吃你做的饭，习惯了穿你买的衣服，习惯了家里有你这个人，习惯了听你说话。

这些习惯，会让人厌烦，却更难摆脱。

大家都说时间是最残忍的，但时间却很公平，对你有效，对小三也有效。有太多的男人，在外遇初期对小三爱得死去活来，可真的一起过日子，却又有万般的不适应，到最后，还是会惦记家里面的一切，因为这是他习惯了的生活。

所以，男人的出轨变成了一个很明确的路线。先是和小三勾搭，惊为天人；然后爱上对方，发誓要离婚，和小三双宿双飞；回家各种闹，怎么都不要过下去了；接着和小三同居，想造成既成事实。但过了一段时间后，却又发现自己的生活质量比从前下降了许多，于是默默地回头。

如果在这个过程中，没有任何人力的推动，将是一个在里面想出去，出去了又想回来的过程。

所以说，小三想要扶正，是一件很难的事情，这个概率从以往的统计来看，并不会超过两成。而这接近两成的人，几乎是用尽全力，赌上一切，才有那么一点点可能。

而基本上离婚后娶小三的案例，都发生在两种情况下，要么是老婆主动要求离婚，要么就是老婆在家天天大吵大闹，把人给彻底吵烦了。

说白了，也就是老婆主动做了一些事情，小三才会上位。

C.什么都不用做，等待是不分手的最好的处理方式。

如上所说，我们就能得出结论，很多人被迫离婚，并不是因为做得不够多，而是因为做得太多了。

你真的不想离婚，真的想要留住那个男人的话，最好的方法是什么都不做。在等待的过程中示弱，并且维持住长期以来他所习惯的生活方式，偶尔让他回忆下从前，有那么一些对你的内疚感。

大家都不要被那种所谓炽热的爱情给吓怕了，这个世界上最狂热的爱情也敌不过时间。最深的感情是什么？是亲情，是由时间浇灌而成的恩情，这可能会被一时的激情给压制住，可那种激情过后呢？

很多人以为，想达到某个结果，就一定要去做事情。但实际上，你真正需要做的事情只是等待，因为等待不是放任，而是待敌人疲惫、待敌人激情耗尽后，再给他们致命一击。

那么什么时候等待，什么时候再反击呢？

你首先要确定的是，即使知道了对方出轨，你也能忍住不吵闹。这是最难的，但却是你想要这个不分手的结果必须做到的事情。

一旦开始大吵大闹，男人就必然会厌烦，从而产生厌弃感，等于你亲手把人往小三的怀里送。

若是不吵呢？男人见你明知有事，还是如此贤惠，就算再铁石心肠，也会生出一些愧疚感来，而这个愧疚感，就是深埋下去的种子。

而你要一直忍着，直到男人出去的时间少、回来的时间多了。这大概是在他找小三的一年到两年之间，他会表现出一种很明显的对家庭的依恋感，对外面的人会越来越冷淡。

这个时候，你可以安排一次和他的单独旅行。

这就是反击开始了。妻子和丈夫单独旅行，这对于小三来说，是一个重大的打击。大部分人都会在这个时候发脾气闹起来，这就是情感天平倾斜的节点了。

之后，你可以经常对男人忆苦思甜，让他心里面的内疚感落到实处，日复一日地把日子过下去，你会慢慢发现，外面的那位，对于他会越来越淡，几番交手下来，也就不了了之了。

没有哪个女人心甘情愿做一辈子小三的，没有结果，当然会分手，这是必然的结果。

D.最难的是什么？

上面说的，似乎都很容易做到，但实际上，却有一个非常难的难点，尤其对于女人来说。

那就是情绪。

试想一下，如果你爱的男人出轨了，在外面爱上了别的女人，你会不会情绪崩溃？

你能忍住不发怒吗？你可以如什么都没发生一样做饭洗衣吗？

你还能如往常一样面对这个男人、面对这个男人的父母吗？

你可以忍受这样的重压，乃至一年、两年或者更久吗？

你能容忍男人经常不归，甚至小三的挑衅吗？

很多人一开始作出了决定，不想要分开，希望可以继续下去。但所做的行为呢？却是压制不住自己的情绪，沿着一条分手的路往下走。

大家的观念都错了。在一段感情中，有人出轨了，这时候最难获得的结果是继续，而最容易的结果是分开。

如果你想要继续，那么自然要承受难以想象的压力。这些压力中最难的，就是控制你自己的情绪，要忍辱负重，要一次次地在自己流血的心上划刀子。

值不值得呢？这就是我一开始所说的，你要先想好自己要什么。想要什么样的结果，就需要有什么样的过程。

你要一个贱贱的结果，就只能有这种犯贱的过程。

没有好坏的区别，你想要的就是好，不想要的就是坏。

❺ 分手的处理办法

A. 占领舆论制高点。

讲完了要继续凑合的方法，现在来讲分手的处理方法。

没有结婚的情况下，叫作分手，基本上不需要有太多的处理，归入失恋，下个章节讲。这里主要讲讲离婚的情况。

如果你实在是忍受不了对方的出轨，下定决心要离婚，而之前所说的先小人后君子的准备工作也都做好了，接下来要进入实际操作流程。

先要做什么呢？

许多女人往往会选择默默地向男人提出离婚，并且隐瞒这个消息，甚至对家人都是隐瞒得越久越好。

但这是错的。这么做的结果，往往形成了信息源的单方面缺失。你的父母、你的朋友、你的公婆、你身边的一切人，都只能从你丈夫那里听到你们离婚的消息和原因。

你觉得一个在离婚过程中的男人会替你说好话吗？

然后你就会发现，自己所遇到的阻力越来越大，很多人甚至不分青红皂白地说你不好，让你有冤无处诉。

明明是对方的过错，为什么弄到最后，你却变成了全世界的罪人呢？

所以说，不要以为离婚是两个人的事。既然结婚是两个家族之间的事，离婚当然更是两个家族的事。

真相是谁对谁错，往往会被扭曲，因为有些人的表达里面会有陷害、会有偏重，所以，真相常常不为人所知，先开口说话的反而被认为是好人。

这个时候，你就要明白，结婚是两个家庭的结合，而离婚是两个家庭的战争。要在这个战争中立于不败之地，首先你必须要占领舆论的制高点。

也就是说，你必须要开口说话，并且尽早地把事实的真相告诉家人和朋友，让舆论站在你这边。不要害怕丢脸，离婚这件事别人迟早都会知道，你此刻不说，以后也会说。

既然事情已经发生了，那你还不如利用事情的真相让自己先站在一个有利的位置上。

我一向坚持，谁犯了错，就一定要承担这个责任。既然是对方出轨，那么你就要说出来，让他先接受舆论的惩罚。

有了这一步，你将来遇到的阻力会明显减少，而事情也会顺利很多。在强大的舆论压力下，对方能够做的事非常有限，这也是对你的最好保护。

B. 女人的软肋是什么？

是不是只要占了理，只要有了舆论优势，就一定能有好结果呢？在那么长时间的案例观察中，我们发现，即使男人是过错方，但是最后承担责任和下场较差的，反而都是女人。

为什么会这样呢？因为作为女性，有一个优点，同时，这也成为女人们的软肋。

这就是母爱。

只要是生过孩子的女性，基本上没有办法控制住自己的母爱，这是伟大的，但对自己的人生也是有伤害的。

无数人为了孩子而忍辱负重，不愿意离婚，这在上一章节已经讲过。而就算要离婚的女人，十有八九也是要带走孩子的。

这个时候，你就有了软肋。当你有了一样必须要带走、绝不可能放弃的东西时，别人就可以利用这个来打击你。

许多人会提出争夺抚养权，以此来要求你在财产、房产上的让步，这时候，你提出的一切条件都等于是白谈，客气一点还能对分财产，以换来孩子。而坏一点的人，则从刚开始闹离婚就抢先把孩子送走。作为爷爷奶奶，他们自然不会随便放弃孩子，不管是不是男人犯错，孩子总是在自己手上了。

这个时候，女人就很被动了，离婚官司拖多久，你就多久不能见孩子。我们见过许多母亲，三个月没看到孩子，就已经崩溃了，什么条件都愿意答应，甚至愿意净身出户。

还有一些人，把孩子抢走后根本不让你见，就算法院把抚养权判给了母亲，也很难执行。

说到这里，大家应该心知肚明，女人的软肋，就是孩子。男人只要控制住孩子，就可以为所欲为；而失去了孩子，就失去了最大的筹码。

解决这个问题的途径只有两个：要么你就割舍下孩了，把小孩丢给那个出轨的父亲和小三，让他们没法过自由自在的生活；要么你就保护好自己的孩子，千万别让对方控制住你的软肋。

把自己最软弱的地方保护好了，你才可以保护自己的利益。

C.适可而止的惩罚。

接着要说的，是一个关于财产分割和惩罚的问题。

女人在面临对方出轨，并且要离婚的情况下，往往会有两种选择。

一个选择是一心想要离婚，所以没有任何要求，甚至愿意净身出户，只要自己干干净净地离开这场肮脏的婚姻就好。

还有一个选择就是要给男人终身难忘的惩罚，所以逼着男人净身出户，要把他最后一个铜板都榨出来。

虽然说，想要什么样的结果，都在于各自的选择。但是在我们的经验里，这两个选择都不是最好的，都是矫枉过正的行为。

一心想离婚，想要早日摆脱烦心的事，这是好的。但这种急于挣脱的行为，是一种逃避，会带来后遗症，这种后遗症叫不甘心。

许多男人出轨，而女人净身出户的情况里，女人在离婚后几年内都会有不甘心的情况发生。男人可能很快就再婚了，而女人就陷入了对于婚姻的恐惧、对前夫的不舍里，始终难以自拔。

为什么会有不甘心的情绪出现呢？因为在一个对方有过错的事件里，反而是你付出了不小的代价，眼看着对方犯了错还过得很愉快，这当然会很受伤了。

怎么才能杜绝这种不甘心情绪呢？很简单，就是要给对方一定的惩罚，让他为自己的过错付出代价。惩罚对方的目的，不是你得到什么好处，而是宣泄掉你的负面情绪，让你可以开始新的生活。

而另一种选择，一心想要榨干男人最后一个铜板，这可能吗？从情绪上看，大家都想这么干，而从法律上看，确实也有成功的可能性。

但是，有成功的可能性和一定能成功是两回事。我们要对过错方进行惩罚是没问题的，但是从现实来看，要把人完全赶走净身出户的可能性微乎其微，很少看到有这样的案例。

更何况，你要把人逼入绝路，面对的反弹也是超级大的。你真的想把自己未来的几年时间，都耗费在一桩几乎不可能成功的事情上吗？

最好的方法是惩罚，但有限度。之前我已经让你们找到了一系列的证据，抓住了出轨人的痛脚，在这个时候，你应该用净身出户作为武器去威胁对方，让对方让步，签订城下之盟。

这样做你是可以占很大便宜，但还是给他留了一点底线。譬如房子留给你，但现金等对分；譬如给你留一大笔现金；譬如拿走他的全部，但给他留下事业的部分。

给人一点希望，但又能感到足够的痛，这才是惩罚。

杀人不过头点地，逼死了就没有任何痛苦了，让人苟延残喘地活着，才是最痛苦的。

D. 更好的未来。

关于出轨，关于离婚，还有最后一点，如果你能做好这一点，那么上面所说的一切可能都不太要紧，可能做不做都无所谓。

那就是更好的未来。

经历过男人的出轨，甚至是经历过婚姻，你还能不能有更好的未来？

事实证明，很多人都做到了，而且还过得越来越好。

原因就在于“信心”。

一个女人被男人背叛，不是她不够好，而只是她看错了人而已。一个女人离婚，更不是她做错了什么，而只是嫁错了人而已。

这些问题都是对方的错，她唯一的问题，就是过于善良，过于相信爱情的魔力。

而经历过种种事情后，对于女人来说，虽然损耗了时间，但却获得了阅历。

我经常说，一个女人的气质从哪里来？不是从化妆品里来，不是从知名度来，不是从财富来，而是从她经历过的事情而来，是从她一次次的伤痛中来，是从她看过风雨、经历过是非后洒脱一笑中来。

所以，你经历过的伤心事，不是耻辱，而是勋章。你应该挺起胸膛，不要被离婚或者分手的压力给压垮，要更加容光焕发。

报复一个男人出轨的最好方法，是找个更好的男人。

明白这一点，一切都过去了。

八、失恋急救手册

失恋痛苦怎么办？请看失恋急救手册·嫁不出去怎么办？请看剩女急救手册·父母逼婚怎么办？请看逼婚急救手册·相亲尴尬怎么办？请看相亲急救手册·不懂表白怎么办？请看暗恋急救手册·约会没经验怎么办？请看约会急救手册·情侣常吵架怎么办？请看吵架急救手册·爱人出轨了怎么办？请看出轨急救手册·分居异地怎么办？请看异地恋急救手册

❶ 失恋永远都是瞎了眼

终于要讲到这一章。

其实我一直都在回避关于失恋的问题，因此把这一章一拖再拖，但拖到最后，还是要讲的。

为什么会对失恋有不舍得说的情绪呢？因为在过去几年里，我一直在全国巡回作“失恋互助小组”活动。

这是我发起的一个纯公益的活动。我在每个城市里都会召集刚刚失恋的一群人，然后以互助小组的形式互相倾诉，宣泄郁结在心里面的烦忧。

每次去作互助小组活动时，都会令人难过，讲述的人大哭，听的人也是哭成一团。大家都会有很相似的感觉，每次失恋，都像是从心里面剜去了一块肉，简直叫人痛不欲生。

失恋是女孩子所能经历的事情里最痛苦的一桩。有人因此辞去工作，有人改变生活，有人抑郁，甚至自杀。而几乎每个女孩都有过因为失恋而剪掉头发的时候。

所以，我们来讲讲失恋之后该怎么办吧。失恋，或许是所有事情里最需要急救的。

照样从一个故事开始。这是个去年从北京失恋互助小组里听来的真实故事。

女主角暂且叫她小北，这个姑娘年纪已经不小了，三十岁左右，天蝎座。

小北是个不折不扣的女强人，自己开了一个小工作室，还在两个大公司里面兼职，在自己的领域里，她是非常出色、可以独当一面的人物。而在旁人眼中，小北简直太强大了，没有她办不成的事情，也没有她搞不定的项目，几乎所有的男人和女人在小北面前都是弟弟妹妹，完全被她的气场给压服。

毫无疑问，这样的姑娘，是很难嫁出去的。

从前我就讲过，有能力有事业有气场的男人喜欢小鸟依人的姑娘，而没能力没事业没气场的男人害怕强势的姑娘，所以越是装柔弱的姑娘就越有市场，而强大的姑娘只能苦逼地一个人继续扮演强大。

很多人觉得，强大的姑娘是不需要恋爱的，其实错了，她们更希望获得呵护和温暖，因为她们在外面的世界里遭受了太多冰冷，更想有心理的安慰。

小北也是如此，所以她恋爱了。年过三十的恋爱并没有那么容易，必然有些条件在慢慢放弃。

她首先接受了姐弟恋，但作为外貌控她还是找了个帅哥。不过既然是帅哥，又能接受女方年纪大，那么在其他方面自然会弱一些。这个男人没什么正经工作，整天嚷嚷着做生意，但几乎没有收入来源，换句话说，他就是靠小北养着。

旁人都看得清清楚楚，私底下也会笑那个男人吃软饭，是小白脸，但小北却一直不承认。她始终觉得，这个男人很有才，只是没有遇到机会。

几乎每一个养着男人的女孩都会用李安当年失业时也被老婆养了六年来做例子，可惜她们并不知道，有的男人是蛰伏，有的男人却是被包养。李安虽然失业，却已经拍过许多不被市场接受的片子，也从来没有中断过学习和研究。而有些男人在被女孩养的过程中，整天只知吃喝玩乐，说是谈生意，其实不过是狐朋狗友到处串门，这就是被包养。

可是小北完全无所谓，她一直在说，只要这个男人对自己好，那就可以，她什么都能接受，什么都可以忍受。

这个男人要钱，小北就给他钱；男人要做生意，小北就给他本钱，给他介绍业务，并帮忙联系好，甚至整个单子都是小北做的；这个男人要认识人，小北就不断地介绍圈内同行给他。

按理说，小北做了这么多，这个男人就该对她更好吧。恰巧相反，大概三年内，这个男人两度出轨，被小北抓住后，又原谅了他。

三年后，男人正式向小北提出分手。原来他在小北的客户里找到了个更有钱更有权势的富婆，坚决地要离开小北，去和富婆双宿双飞。

小北失恋后整个人都崩溃了，自杀过好几次，在朋友面前又哭又笑又闹，连工作都辞了，自己的公司也因无人管理而倒闭。总而言之，为了这个男人，小北把自个儿的生活弄得一塌糊涂。

这件事情，在旁人看来，会觉得好奇怪。

如果是一个高富帅，那么，失恋了或许还值得崩溃一下，现在这个男人明明各种不好，明明只是个吃软饭的小白脸，为什么还要这样崩溃呢？

别人想不通的事情，等轮到自己身上，就会变成一件通不通都会发生的事情了。

因为失恋的本质是你失去了一个心爱的人，一个当成亲人的人，是丧失了生命的一部分，和这个人本身好不好并没有关系。

你的亲人就算十恶不赦，可失去他时一样会难过，道理是一样的。

所以首先要明白的事情是：失恋永远是你自己瞎了眼。

全世界只有你一个人看不清自己失去的是个什么东西，也只有你把他当宝贝，只有你以为这是什么情深意重的真爱，在别人眼里，这玩意儿狗屁不值。

当你一个人在那里痛彻心扉时，旁人，就算是再好的朋友，也无法感同身受。你去找人聊天，找人哭诉，一开始别人还愿意陪你，到后来大家都会觉得烦，因为每个人都已经知道那个男人是败类、是坏人，只有你还执迷不悟。而人们又如何去挽救一个瞎了眼的人呢？

失恋就是自己瞎了眼，这是第一件要牢牢记住的事情。千万别指望旁人和你一样瞎眼，全世界只有你觉得那个人好，没有人会认同你的伤悲。

而第二件要明白的事情是：失恋永远是对方瞎了眼。

为什么这样说呢？当你失恋的时候，你总是会自我怀疑，觉得是不是自己哪里做得不够好，是不是自己出了什么问题，是不是还有可以改进的地方能够留住对方。

但这一切都是徒劳的。

因为一个人离开你的时候，他在看你时已经瞎了眼，就算你身上有再多的优点，就算你是全世界最好的女人，也没有任何用处。

他此时已经被别人的优点所吸引，已经被更多更新鲜的东西吸引了注意力。五色令人目盲，这种盲，并不是真的瞎了，而是他已经不关注你、不在乎你了。

一个人不在乎你，那么你就算拥有全世界，又能怎样？他已经是你的专属瞎子，当然不会对你的好有任何感觉。

明白了吗？失恋永远是两个人都瞎了眼，你看不清那个人的坏，而那个人看不到你的好，这就是失恋以及你痛苦的原因。懂得了这个，我们就再继续下去。

❷ 最难熬的7+30法则

A. 难过才是正常的。

从这里开始，我们讲失恋的急救方法。在这个小节里，我将一次性把失恋后最有效的操作方法教给你们。

按照我说的做，你一定可以度过失恋这段煎熬的时光。但问题在于，许多人知道该怎么做，却真的做不到。所以，请先记住方法，然后督促自己。

失恋时会难过、会崩溃、会做出各种非理性的事情，这是正常的。

事实上，如果一个人失恋了却毫无反应，这才不正常，这说明你从来没有爱过对方，那么，这也不能叫作失恋，只能算是和平分手。

所谓的失恋，就是你还爱着，对方却决绝地离开。这是单方面切断情感联系，而还有着情感联系的那个肯定会有痛不欲生的过程。

若是失恋了，不要奢望可以轻松度过。我们既然付出了感情，自然要为这种感情付出代价。

愿赌服输，这一把既然输了，那么有些痛就让它赶紧地来，度过了，还是好汉一条。

B. 前7天最难熬。

根据我们长年的观察和统计发现，失恋后的痛苦级别是随时间的推移而不断衰减的，也就是说，只要在前期最痛苦的时候把情绪处理好，那么后面的痛苦会越来越少。许多人的问题就在于前期没有处理好，导致后面会越来越糟糕。

这个流程，我们称为 7+30模式。

请记住，失恋的前7天是最痛苦，也是最难熬的，你有可能会想起一切难受的事情，有可能会去做许多非理性的事情。这时候如果你死撑，不见人，死活把情绪压下去的话，那可能就完蛋了，这情绪会在以后时时刻刻困扰着你。

所以，在失恋前7天，最忌讳自己一个人待着。

你可以找闺蜜陪你，住在一起，可以不用去上班，可以每天流泪，可以把那个男人的东西烧光丢光，可以在闺蜜的陪伴下做一些发泄情绪的事情。

这7天里，你完全可以不用压抑自己，要痛苦就痛苦，要崩溃就崩溃，不想吃饭就别吃，只要不伤害自己，基本上做什么都可以。

目的是把内心压抑的情绪都宣泄出来，这种宣泄越过分越好，过分到你将来想起来就觉得可笑、就觉得后悔，也可以。要把你可以做出来的事情，都在这个时期里做完。

为什么一定要闺蜜的陪伴呢？因为在这个时期，你需要一个人来听你的倾诉，并且监督你不伤害自己。闺蜜陪伴的作用是很大的，绝不能省略，也不能用家人替代。你有很多话可以对闺蜜说，但不可能对家人说。

说白了，这7天时间，就是一个你撒泼打滚折腾，让闺蜜作出巨大牺牲看着你的时期，一定要把最难过的情绪和愤怒，都在这个时间里发泄出去。哭到麻木，哭到累，哭到不想再哭了，甚至连哭的情绪都没了，那么你就算顺利地度过了这个危险期。

C. 30天的煎熬期。

前7天最痛苦，可不是最危险的。真正危险的时候，是过完这7天后的一个月内。因为在这个世界上，没有人可以永远陪着你，也没有人可以永远听你倾诉。就算再好的闺蜜，陪完你7天后也需要休息。

而这时候，失恋的人看起来似乎情绪稳定了许多，旁人以为她已经没什么事了。

其实问题才刚刚开始。情绪激烈时，一个人可能会忘记做伤害自己的事情。而等到沉静下来，看到周围熟悉的一切都在，只有那个人不在了，那种痛彻心扉的感觉，才是割人心的软刀子。

过完最初的7天后，你将会迎来连续30天的煎熬期。这段时间，不会像前7天那么激烈，也不会一直保持那样的愤怒和冲动。

但是这段时期内，只要你闲下来，就会开始想各种事情，就会钻各种牛角尖。你会想要再去找那个男人，抓心挠肝地想知道对方的近况，你会一次次地去回忆过去，把曾经发生过的事情当成自己最好的梦。

这才是最危险的。不管你是钻牛角尖、是去找那个男人、是回忆过去、是裹足不前，还是不愿接受事实，这些事情都是错的。

在这段时间里，你想要做的每一件事情，都是不应该做的。如果做了，会加重失恋的痛苦，就会把这个失恋期无限地拖长。

在这个煎熬期内，虽然很难过，但你要尽量做到不去想、不去找、不回忆、不纠结。

做不到？当然做不到。是人都有感情、有情绪，能做到就奇怪了，所以我们要借助外力。

在这一个月内，要尽量让自己忙碌起来。你可以拼命加班，可以接一个出差的活儿，可以每天晚上都出去玩，可以给自己报几个学习班，可以做兼职。唯一的目的，就是让你没有时间去瞎想，更没有时间去瞎搞。

许多人在失恋后，最想做的事情就是辞掉工作，什么事情都不干，一个人窝在家里，窝在房间里，待上一个月。

试想一下，这样你几乎所有的时间，都去想失恋这件事情，去想那个已经离开的男人，怎么会有好转的可能性呢？

人的意志很难控制自己完全不去思考，但有思考就会有瞎想。所以，不要靠意志，要用外力来帮助自己。

让自己忙起来，让自己完全没有空，才有可能制止那些不该有的念头。

D.半年戒断期。

如果你严格按照上面所说的，度过了最痛苦的7天和最折磨人的一个月，那么你的情绪应该宣泄得差不多了，而折磨人的念头也慢慢地减少，接下来会遇到的，就是不断地反复和纠结。

如果失恋是一种病的话，接下来就要防止复发。我们经常会看到，有些人在刚失恋的时候很痛苦，慢慢地终于疗伤完毕，再也不去想了，以为一切都好了。可是前男友的一个电话，就又让她重新跌进谷底，甚至几年都难以自拔。

我要告诉你们的是，前男友是一种周期性出现的动物，他们不会永远消失，总是会隔三岔五地出现一次，尤其是在你以为已经忘掉他们的时候，就突然出现，并且展现一下对你的温柔、对你的好，关心一下，甚至是抚慰一下。

千万别以为这是对你有感情，你真要他们抛弃现任，他们是不会干的，无非是撩拨一下你，或者是满足勾搭情绪，或者是舒缓他自个儿的心情。至于你的失恋创伤会如何，他是没兴趣管的。

这个时候，如果你想彻底地往前走，就需要开始为期半年的戒断期。

在这半年里，要做到完全不联系，完全不提起，完全不见面，完全没有交流。

QQ拉黑，微信删掉，微博拉黑，各种电话不接，只要有他在的场合就不出现，要绕开他走路，死活都不见面。

如果这中间犯了一条，那么就要重新开始戒断了，继续是半年的时间。

可能很多人会奇怪，为什么会是半年。实际上，这是个大概的时间，因为我们由大量统计数据发现，人们一般会用六个月的时间让一段感情过去。

但也并没有那么确切，实际上，你爱得越久，需要疗伤的时间也越久，但大致的道理是相同的。

戒断，是最后的步骤，经历了这一步，你的人生，就与他真正告别了。

说再见吧。

❸ 失恋失去的不是恋情，而是自信心

A. 失恋后遗症。

失恋之后，会有什么后遗症呢？

首先，许多人裹足不前，停留在从前的伤害里，一直在受伤，一直还爱着从前的人，所以不会谈新的恋爱。这是失恋后遗症的第一项，叫作鸵鸟病。

其次，许多人因为受到了深深的创伤，所以越来越怀疑自己，觉得自己不够好，觉得自己有各种各样的问题，从而降低标准，甚至不敢再去爱人，觉得全世界没有人会爱自己。这是失恋后遗症的第二项，叫自我怀疑病。

再次，还有一些人干脆自暴自弃，到处乱玩，开始放纵，不

再珍惜自己。这是失恋后遗症的第三项，叫堕落病。

最后，有人甚至完全地不再相信爱情，觉得爱情就是个骗局，都是从甜蜜开始到伤心结束，所以人生根本不需要爱情，只要随便找个人嫁了就好。这是失恋后遗症的第四种，叫作忘爱病。

这些失恋后遗症，都是矫枉过正的做法。当一个人遭遇到重大挫折后，的确会产生各种想要放弃的想法。

有负面的情绪很正常，但被负面情绪影响了人生就不正常了。接下来，我们就一条条来分析，以求把所有的负面情绪都处理掉。

只有把失恋后遗症也解决了，你的病才算好了。

B. 失恋，就裹足不前。

鸵鸟病是失恋后遗症中常见的。我们见过许多人迟迟无法从前任的泥潭里走出来。最久的，甚至有到十年、几十年，到前任已经结婚生子甚至老去，她都依然痴痴地想念着对方。

千万别以为这是耸人听闻，当事情真的发生了，往往是你不自知的。

失恋后，经历过痛苦，经历过折磨，经历过各种纠结，最常见的是什么？就是回忆。

我经常说，回忆是一种毒品。为什么呢？因为它对人没有好处，也不能令人变得更好，却能抚慰人的心灵。

但这种抚慰却是有害的，会让人一次次地沉溺其中，从而不想往前走。并且回忆是有上瘾性的，许多人沾染上之后，就难以放弃。

为什么会这样呢？

其实就是因为失恋后，女人并没有完全放弃从前的感情，而那个人却已经不在，怎么办呢？这时候最简单的办法，就是一遍遍在脑子里回放从前的事情。你突然发现，虽然没有了那个人，却没人可以从脑子里把他夺走。于是你更多次地回忆，甚至想象出新的情节来。

因为害怕再次失去，因为想回顾那种甜蜜和温暖，所以舍不得放弃这种幻想和回忆，以至于再也不肯往前走一步。

抽烟的人会觉得吸烟很愉悦，戒了烟身体会受影响，所以根本不管烟草对自己的毒害。吸毒的人更是如此。

鸵鸟病患者也是这样，总抓着一点点的快乐，害怕失去这些，从而不想要更多的快乐。

这是一种胆怯，是一种病。

人生是一个不断前进变化的过程，你抓住幻想不放，自己一辈子就只有幻想。而幻想可以陪你到老吗？可以陪你度过每个情人节、新年、圣诞节吗？可以为你生儿育女吗？

什么都没有！幻想是空的，如果一直抓着不放，到最后，你的人生也是空的。

所以，鸵鸟病是失恋综合征里需要警惕的。

记住啊，你往前走，也许会有痛苦，但结果必然是美好的，因为在这个世界上，没有人到最后都找不到爱人和亲人的。但若是停下脚步，不管你现在过得有多开心，结果必然是坏的。

你陪着回忆一辈子，到最后连回忆都没有。

C. 自我怀疑。

自我怀疑是失恋后最常见的一种病症。

几乎所有姑娘在失恋后都会问出一句，究竟我哪里不够好？在对方劈腿后都会问，究竟对方比我好在哪里？

甚至有人还会去苦苦哀求，说自己可以改得更好。

但实际上，我在之前的章节里就说过了，失恋是自己瞎了眼，也是对方瞎了眼。他只看得见新人的好，而看不到你的优点。

这件事情，我们需要从人性的本质来分析。男女之间，对于人的看法和态度是不同的。女人重感情，所以相处越久，就越能感觉到对方的好处。有些姑娘在没有爱上的时候挑剔多多，各种不满，可一旦爱上之后却全无条件，觉得人家样样都好，缺点也好。

男人却刚好相反。大概是因为男人是一种贪新鲜的动物，他们总是喜欢新鲜的人、新鲜的事物。对于还没有得到的，总是看到对方的优点，不管多少缺点都视而不见。而对于一直在身边的呢？所有的优点都变成了习以为常的东西，是理所应当的。反倒是一点小小的缺点，会被放大无数倍，变成了不可容忍。

了解这一点后，你就会明白，当他无限地讨厌你，而喜欢别人时，并不是因为你不够好、别人太好，而是因为她还新鲜，你却已熟悉。

听起来这是一件很令人悲伤的事情。当然了，这虽然是人性的必然，但对于大部分好男人而言，还是可以努力克制这种对于熟悉的厌烦和对新鲜的欲望的，因为他们会有忠诚这根弦。

若你的男人抛弃了熟悉，奔向了新鲜，那么你应当记住，不是你不够好，也不是男人这个群体都是坏人，而只是你选错了一个男人而已。

最后，我们再把坏事情当作好事情来看。你在一个男人眼里过于熟悉，所以不再那么好了，这个男人就离你远去，这是个悲剧。但你有没有想过，你在全世界另外的那些男人眼中，却依旧是新鲜的，依旧是光彩夺目的，依旧是优点多多的，因为你很新鲜啊。

没错，我们经常说，爱情就是放弃了一片森林，而选择了一棵烂树。而现在这棵烂树主动离开了你，那么你又回到了一片森林里面。

这是坏事情，但从大的方面来看，却又变成了好事情。

失恋失去的只是恋爱，你却不能失去你的自信心，因为一个女人的自信，是她最好的化妆品。有信心，就是美。

D.放纵是对自己的犯罪。

堕落病这种事情，我从前是不太爱说的。我一直觉得，女人如果连自己都不爱惜了，那几近于没救了。

但后来我遇见了许多流连于酒吧、一夜情的姑娘，她们只不过是被伤得太深，所以用这种方式来令自己遗忘。

所以想要说一说。

一夜情可以治愈失恋吗？从理论上来讲是可以的，因为感情的依恋之外还有身体的依恋。在戒断感情之前，先戒断身体也是一种方法。

可是用放纵的方式来遗忘是一件正确的事情吗？当然不是。

我曾经在电视节目《爱情保卫战》里说过这样一句话：女人不要因为男人的错误而来惩罚自己。

因为被伤害而堕落、而放纵，这是用别人的错误来惩罚自己。

如果问每个女人这个问题，几乎会得到一样的答案，那就是所有完美的性爱都必须要有感情。

既然如此，既然每个女人都在追求完美的感情，那么，为什么要抛弃精神层面的东西，而去追求纯粹身体的欲望呢？

如果说，回忆是一种毒品，那么放纵是一种麻醉。每个放纵的人都是用身体的快感，来麻醉自己的情绪和情感，希望自己不再有那种低落的情绪。

可惜，这依然是饮鸩止渴。虽然在身体快乐的那一瞬间麻醉了，虽然在灯红酒绿之间迷失了，但到最后，你依旧还是要回到正常生活这条路上来的。

我们见过一个人堕落放纵几年，却很少见到有可以放纵一辈子的。到最后，还是要回到正正经经的恋爱，还是要回到平平常常的生活。

既然如此，又为何要去做呢？

这些话说出来，似乎是要求守规矩，但我依然希望每个姑娘都是守规矩的。但这规矩不是社会给的，不是父母给的，而是自己给自己的。

每个人都应该给自己，给自己将来的婚姻，给自己将来的孩子一个交代。

见过一些因为放纵而搞坏身体的人，见过一次次堕胎导致无法生育的女孩，她们最后悔于当初的哭泣，是那么令人心痛。

所以，不要被失恋这种借口带上了歧途。

再大的痛苦，也不是你堕落的理由。

E. 每次都会更好。

不再相信爱情，倒是失恋后遗症中最轻微的病症，当然也是最常见的。

大家在遭遇一次重大挫折后，都会突然之间低落一下，这种情绪是正常的。失业后觉得自己不够好，失恋后不再相信爱情，这都是低落情绪的表现。

需要治疗吗？不需要。

如果你不再相信爱情了，那就别相信好了。这件事情好玩就好玩在，爱情它不是你相信就存在的，也不是你不相信它就不存在了。

当你遇到错误的人时，你自然而然地不相信了。而等到你又遇到对的人，它还是会自然发生。

爱情的产生，是一种情绪，是化学的，不以你的意志为转移，你信不信，它都在，你要不要，它都会走。

如果要打个比方的话，那爱情就是一种病，有时会治好，但经常会复发。

就是这样，所以，无所谓吧，接受就好。

❹ 为什么她越失恋越开心

这里又要讲到另一个姑娘了。这个姑娘叫小若，年纪很轻，算是九〇后吧。

我们经常会觉得九〇后的人不懂爱，但这种年龄歧视，就如同当初大家说八〇后不懂爱一样，只不过是每个不同年龄阶段的人，在面对感情时有不同的观念而已。

九〇后的姑娘当然也一样有爱情，只是她们有自己不同的价值观。

小若是个长得比较好看的女孩，但也不是有很多人追求。按她的话说，只要有了男朋友就会变成一枚宅女，每天在家吃了睡，睡了吃，也完全没有要好看的觉悟。

这个样子，是不是和大家都很像呢？绝大多数的姑娘，现在都是这样的一个生活状态。

再好看的姑娘，该失恋的时候照样没跑，反倒可能失恋的次数更多。小若虽然年纪不大，却已经失恋过三次，而且次次都是被男人甩。

小若伤心吗？当然很伤心。但是在别人眼里看来，小若每次的失恋都仿佛是一次重生，她开始伤心，然后越来越开心，到最后必然能迅速地找到新男友。

为什么小若会这样呢？我们来看一下小若给的教程吧。

A. 失恋代表着你自由了。

小若对我们说，失恋虽然是件伤心的事情，但事物总有两面性，感情虽然没了，但自由却回来了。

从前她为什么会宅在家里？并不是她只有一种宅的生活，而是有了男朋友，就没有了其他的选择，这是为爱情作出的牺牲。她宅，是一种对男朋友的感情表示，放弃了那一整片森林，是完全的付出。

但失恋之后呢？为什么还要宅呢？既然笼门已经打开，甚至都不需要那个笼子了，自然是要飞出去，好好地享受世界啊。

这就是区别？小若的宅并不是她想要的生活，而是她对于爱情作出的牺牲和妥协。一旦爱情没有了，至少自由又回来了，一得一失，心情当然好多了。

所以，失恋后，小若最多在家里悲伤一天，然后就打扮得漂漂亮亮的出去玩，去跳舞，去唱歌，去酒吧，哪儿男人多就往哪儿钻。

用一种自由的快乐去对抗失恋，而不是用堕落来放纵。

小若对付失恋的第一个方法就是走出去，而不是宅在家里。宅，是谈恋爱时的专利，不谈恋爱了，就没有资格宅。

B. 失恋就会有桃花运。

小若说，她发现个很奇怪的事情，当她恋爱的时候，身边就不会有追求者，基本上也没有什么烂桃花。而当她一失恋，就立刻会有无数的桃花运，以至于她想要失恋很久都难，总是一有空窗，立刻就有人哭着喊着来填满空虚。

对这件事情我们作了个分析，其实原因很简单。

当小若有男朋友的时候，她其实是个宅女，而且每天也不想着打扮，所以她看起来是灰头土脸的，又不见人，自然没什么人会去追求，更不会撞到什么桃花运。

但分手之后呢？小若立马就有了生存危机。这时候她就会对自己的生活进行一定的修正，譬如重新穿上漂亮衣服，每天都化妆，会经常去男人扎堆的地方。

桃花运的本质是什么？就是你打扮得足够吸引人，并且出现在足够多的异性面前。

它分成两个层面：首先是你要打扮得够吸引人。对女孩来说，就是漂亮衣服、发型、妆容，等等，这种好看不是跟你自己比，而是要比同时出现的其他姑娘更好看，否则你永远都只是陪衬而已。

其次，只是好看也没有用，因为好看是让人欣赏的，你只有在足够多的人面前让人看到，才可以被欣赏到。

小若就是两件事情都做到了。越是失恋，她越是好看。越是难过，她越是出去。

这就是桃花运的由来。

C.爱情不相信眼泪。

为什么要出去呢？对绝大多数姑娘而言，失恋难道不是应该一个人躲在幽暗的屋子里，默默流泪，舔舐伤口吗？

难道不是一次次地重看那个人的照片，一幕幕地回想往事吗？

难道不是对着墙壁哭诉，不是蒙头大睡，几个月都不出门吗？

当然不是。

许多人都做了以上的所有事情，失恋的痛苦会好一些吗？你也曾经一次次地哭号，但挽回了什么呢？

请记住这句话：爱情不相信眼泪，你哭得越多，就失去得越多。

为什么呢？

因为当你为了感情而一次次号哭时，你在对方的眼里就越发地卑贱了，你越是可怜兮兮，在他的眼里，你就越没有价值。

谁会去爱一个可怜虫呢？看到你以头捶地，故意自残，做出各种不可理喻的事情来，对那个男人来说，他只会觉得离开你是对的，因为你越来越不够好，越来越卑微，他的自信心会更强，觉得终于毁了一个女人。

摧毁一个女人的信心，恰是许多贱男人自信心的来源。

所以说，不管你是想要报复前任，还是想要过上新的生活，甚至是想要前任回头，方法其实都是一样的，而且也是唯一的。

那就是让自己变得更好，更好看、更出色，穿更靓丽的衣服，走出去让更多的人看到你和追求你。

只有你越来越受欢迎，你的前任才会追悔莫及，才会想回头，才会懊恼。

爱情不相信眼泪，但爱情却相信出色。

❺ 谁管你的动机，吃到猪肉就很高兴啦

A. 失恋以后就不能谈新恋爱？谬论！

每次别人来问，怎么才能治愈失恋？我都会说，去谈个新恋爱啊。

但十有八九她会说，自己旧伤未愈，是不能谈新恋爱的，不然是对自己的不尊重，也是对别人的不尊重。

这句话，听着似乎有些道理。你心里还装着别人，这时候谈恋爱，颇有些出轨的意思。

但事实真的如此吗？只能说这是谬论。

首先，我们要理清一个事实，你现在不是恋爱的状态，而是

在失恋之中，失恋不是恋爱的延续，而是恋爱的中断。

也就是说，你现在根本没有在恋爱的过程中，不管你心里有没有装着别人，这场恋爱已经结束了，这是你的真实状况。

其次，这件事情，不是你肚子饱着所以不能继续吃饭，而是你吃坏了东西，肚子很饿，要不要继续吃的问题。

你不是吃多了撑的，而是肚子里压根一点东西都没有。

听明白了吗？别以为自己还在恋爱里，别以为你受伤了就不可以再谈恋爱。

这属于因噎废食，是属于吃鱼卡了鱼刺，就不敢再吃东西了。可是你不吞一口饭下去，又怎么把之前那个鱼刺给咽下去呢？

每次看到姑娘们说这些话，总感觉是谬论一套一套的。其实事情很简单，就是一段感情破碎了，那么就可以开始新的。

没有什么能不能的问题。

B. 先有鸡还是先有蛋。

但这个时候，女孩常常还会说，伤口没有愈合，又怎么爱得动呢？

你看，她们对于自己的失恋痛苦没什么办法，但反驳起别人来又是一套一套的。

其实这就是个先有鸡还是先有蛋的问题。究竟是先疗伤再恋爱，还是用新恋情来疗伤呢？大概许多人都有自己的选择。

不过，一个更加现实的问题摆在面前。有女孩说，我也想谈新恋爱，只是受伤太重，看到谁都爱不上，这该怎么办呢？

这就要从恋爱的原理来分析了。请问，有什么伤口是一下子就能好的？伤筋动骨一百天，所有的伤痛都需要过程才能好。

同样的原理，请问有什么爱情是一蹴而就的，是你能一下子就爱上对方的？

虽然我们也经常说一见钟情，但所有的一见钟情都不过是外貌的吸引，真正的爱，是需要时间的。

也就是说，治疗伤口需要时间，爱上一个人也需要时间，所以重新开始，你就可以让治疗伤口与爱上一个人同时发生。

在你没有爱上一个人的时候，同样可以交往，而这个交往的过程，就是一个疗伤的过程。

C.恋爱才是最好的疗伤圣药。

其实许多姑娘都不懂，当你没有人爱，也没有人交往的时候，生活里的任何场景都可能成为撒在你伤口上的盐。

而什么才是疗伤圣药呢？当然是新的恋爱。

或者更具体一点，是另一个人对你的爱和呵护。

相信大家都看过《失恋33天》，女主角失恋的痛苦相信大多数人都经历过，而她是如何撑过这33天的呢？依靠的就是身边关心她的那个男人。

这种关切，甚至是关爱，是抚平一个人伤口最好的能量。

这才是我建议大家用新恋情来治疗失恋的缘由。我不是要你立刻爱上谁，甚至你都不需要跟别人确立关系，你需要做的，只是迈出那一步。

不是和人家恋爱的那一步，而只是约会，甚至只是见面的那一步。

有时候，姑娘们就是把事情想得太严重，想得太过正式。

你只是走出去，见见人，吃吃饭，最多看个电影，这能算得了什么呢？这甚至都不能算交往，不能算是在恋爱。

但是，只是做这些事情，却可以令你开始新的生活，让你在每一次的交际过程中，减轻因为失恋而带来的痛苦。

之前我就说过，失恋后流泪是没有用的，而最有用的方法是让你更受欢迎。

这是一种心理治疗法。有人来追求你的时候，你总是会有些欣喜、有些愉悦，自信心也会慢慢地恢复。

而当有人追求你时，你的前任总是会自我怀疑，会嫉妒。

所以这个失恋的负能量在慢慢地转移。它一开始是刺痛你的东西，但随着你有了追求者，就会转移到你前任的身上。

疗伤圣药，就是一个新的男人。你根本不需要想太多，只需要打扮妥当，出去见人，有人想要来讨好你，取悦你，接受就好。

不一定恋爱，但却不要拒绝约会。

每多一次约会，你就离失恋的痛苦更远一些。到最后，你甚至都分辨不出谁才是失恋的那个人。

那时，你的伤就完全好了，而你的前任的伤，却才刚刚开始。

九、异地恋急救手册

失恋痛苦怎么办？请看失恋急救手册·嫁不出去怎么办？请看剩女急救手册·父母逼婚怎么办？请看逼婚急救手册·相亲尴尬怎么办？请看相亲急救手册·不懂表白怎么办？请看暗恋急救手册·约会没经验怎么办？请看约会急救手册·情侣常吵架怎么办？请看吵架急救手册·爱人出轨了怎么办？请看出轨急救手册·分居异地怎么办？请看异地恋急救手册

❶ 什么都不是问题，只有异地恋是问题

在爱情里面，什么才是真正的问题？

年龄是问题吗？姐弟恋、忘年恋现在到处都是，虽然会有些小麻烦，但成功的比比皆是。

身高是问题吗？以前大家追求高度和长相，现在人们对这个概念越来越模糊，甚至女生高一点都慢慢被接受。

财富是问题吗？许多人追求财富的数量，有人总是想嫁个有钱人，可对于绝大多数姑娘来说，日子只要过得去，两个人只要相爱，财富也不是问题。

其他呢？学历不是问题，家庭背景不是问题，似乎在感情面前，什么都不算是问题了。

但唯有一件事情，确实是非常大的问题，那就是距离。

为什么在感情里，所有的事情都不算问题，所有的差距都可

以弥补，所有的障碍都可以被克服，却只有异地恋成为问题呢？

我们首先来看一个很普通的例子。

一对男女青梅竹马，一起长大，可以说感情极为深厚，甚至在读书的时候，父母辈都已经默许他们在一起，就等着大学毕业后结婚。

这对男女从小到大几乎没怎么分开过，虽然大学不在同一所学校，却是在同一个城市里，两人之间的感情自然没有什么变化。

这件事情一直到大学毕业才开始有了波折。女孩毕业后自然而然找了个实习单位，准备安分下来。而男生错过了自己学校的保研，本以为也就这样了，没想到又得到一个去英国进修硕士的机会。

这时候，两个人就犯难了。按照从前的计划，父母会在毕业后给他们买房，然后他们尽快注册、结婚、生孩子，这一辈子就这么顺顺利利地过下去了。

但如果男人去英国进修，那么整个事情都要改变，至少有三年的时间他们要分开，甚至是远隔重洋，房子也没有那么快买，甚至工作安排、结婚安排都要变。

男人想了又想，很是犹豫，虽然出国留学的机会很好，但十年的感情更加放不下。倒是男方的父母一直撺掇男人出国，什么先舍小家顾大家，只要学成归来，人生就完全不同了。

女方的父母自然是不同意。在他们看来，最好的生活就是两个人过过小日子，什么出国留学、什么硕士，完全都是用不着的东西，早日生小孩才是正经事情。

双方父母的想法都是基于自己孩子的利益，这倒也无可厚非。而双方僵持时，最后的抉择权就落在了姑娘的手里。

毫无疑问，和大家想的一样，姑娘考虑的是男人的前途，所以力排众议，不惜和父母吵架，也要把男人给送出去。

甚至，她把这几年勤工俭学攒下来的钱都悄悄塞给了男人，让他在国外可以少打工，能心无旁骛地读书，早日把学历拿下来。

男人就这么去了。两边家庭条件都一般，自然也不可能让男人经常飞回来。所以这对小情侣只能如一切异地恋般，靠着网络联系，每天视频通话，以解相思。

前几个月，小别胜新婚，如胶似漆。过了半年后，依然浓情如故。一年后，两人开始吵架。一年半后，连架都不吵了，视频越来越少。

突然有一天，两人分手了。父母们大惊，开始各种逼宫。

也许大家会想，肯定是那个男人做了白眼狼，是那个男人在英国又找了一个，甚至定居在那边不准备回来了。

我们见过太多陈世美的故事，遇见这种异国恋、留守女友的事情，大家自然会倾向于女性。

但这个故事的真相是，那姑娘在一年半后移情别恋，和新公司的同事在一起了，没等前男友回国，她就毅然决然地和新男友结了婚。

十年的感情要抛开，自然没那么容易。姑娘那么匆忙地结婚，大概也有无法面对、只想造成既成事实的原因。

我们相信这段感情的变故中，并没有任何物质的影响，也没有什么欺骗或者强迫的因素，那么，为什么会发生呢？

一个是认识了才一年多的公司同事，也不是条件特别好的那种。而另一个是相识十年的男友，从国外回来就算海归，前途无量。

若是明眼人来选，大概都没什么可疑惑的，但姑娘为什么会决心分手呢？

前男友回来后，去找已嫁为人妇的姑娘。那女孩说，没错，十年感情难舍，前男友条件也更好一点，家里人也是各种不支持，但是，这些东西其实都不重要，重要的是什么呢？

最重要的，是姑娘在刚刚工作的时候，被人排挤，被人歧视，是那个男同事一直站在她身边支持。

最重要的是，当姑娘天天加班饿得胃疼，是那个男同事一次次跑出去买粥买面照顾她。

最重要的是，当姑娘获得生活里许多第一次时，第一次工作上的成就，第一次受到的赞誉，第一次拿到奖金后的喜悦，甚至是得到第一个LV包，都是那个男同事陪在身边。

所以，重要的不是人们所想的那样，那种物质的比较。

情感的比较很简单，无非就是陪伴而已。在相等的情况下，谁陪伴的时间更长一些，谁就可能在感情上更占便宜。

A.爱情就是一种陪伴，所以距离是问题。

爱情的本质是什么？是条件对等、各种需求合适吗？一个人和你完全合适，但两个人就是不认识，这能算爱情吗？

说来说去，能爱上的条件不过是一部分，关键还在于一个“情”字。

感情是如何而来的？其实很简单，就是靠两个人在一起的时间长了，慢慢培养出来的。

之前就讲过一见钟情是怎么回事。所有的一见钟情都和外貌有关，男人的一见钟情都是看姑娘长得好看，而女人的一见钟情都是看小伙有感觉。

感觉这回事，说起来是内心戏，其实根本就是外貌、动作、穿着、气质的综合体，和内心半毛钱关系也没有。

所以你就该明白了，一见钟情也好，一见倾心也好，和感情的关系并不大，无非是相互吸引。

而所有的感情，都是在每次见面、每次聊天、每次关切里面慢慢培养出来的，而且这种培养出来的感情是有保质期的。

譬如说，那个姑娘和男朋友培养了十年的感情，如果不分开，自然而然会非常稳固。但是一旦分开，没有新的情感培养进去，那么从前的就会慢慢变淡，最后只会被新的感情盖过。

这听起来很残酷，然而却是人性的必然。在这件事情上，不分男女，其实每个人都有移情别恋的可能性，而这不是你想不想、愿不愿意的问题，在分别后还能爱一辈子这种事情，反而是小概率的，只属于很小一部分固执的人，而不是全部。

爱就是一种陪伴，没有陪伴，就没有爱。

B. 没有追不到的姑娘，只有不努力的小伙。

如果“陪伴”这个概念延展开来说的话，其实我们还可以得出一个让人哭笑不得的结论，那就是没有追不到的姑娘，只有不努力的小伙。

为什么呢？因为只要你和一个人相处的时间够久，就能培养出足够的感情。而如果没有超过你这份感情的人存在，那你就可以顺理成章地追到对方了。

这就是泡妞绝技中“死缠烂打”成功率那么高的原因。

在实际生活里，我们会发现，并不是只有高富帅才能追到女孩，一些看起来条件不怎么样的男人，照样可以追求到非常好的姑娘。

而他们用的，就是死缠烂打这一招，用关心、用体贴、用每天的贴身紧逼来实现。其实并没有太多的技术含量，但贴身紧逼这一招，却可以一举两得：一方面是培养了感情，另一方面则吓退了其他的追求者。

唯一的副作用就是，可能会被姑娘烦，从而拉进黑名单。所以，用死缠烂打这招的人，条件虽然不好，但往往都很有趣，导致姑娘虽然不喜欢，却也不讨厌，有时候还能开心一下。

一个高富帅，但是爱理不理的，而一个小男人，却可以时时刻刻在你身边，经常逗你开心，相信绝大多数女孩都会选后者。

这就是我们经常说的，大家都反对以物质论感情，所以经常会被感情骗。

C.是什么销蚀了你们的爱情?

那么，是什么销蚀了你们的感情，让一段培养已久的爱情，一点点地销蚀掉，到最后什么都不剩?

并不是什么特别的事情。如果你觉得吵架可以磨灭感情的话，那你就错了。越是吵架的人越难分手，因为每次吵架都会让他们情绪波动，而情绪一旦有波动，情感上只会加深而不会减弱。

这就是为什么有些人天天吵架却总也分不了手的原因。

销蚀了你们感情的，是平淡，是时间，是遗忘。

当你越来越忙，忘记了要去和另一个人通电话时，这感情就在变淡。当你过着自己的生活，有一天忘记还有个男朋友时，感情就磨得差不多了。

网络上曾经有一句话，说“我们的爱情生于绚烂，却毁灭于平淡”。

也就是说，你看着似乎平平稳稳的，没有事情发生，但就是这种没有事，才是在销蚀感情。如果有事，哪怕只是每天下班回家后见一眼，也算是对感情的补救。但如果常年见不到、看不到，什么重要的事情都没法分享，那么，感情是必然会被销蚀的。

这就是异地恋成为感情大敌的原因。在短期内，小别胜新婚，但时间一长，大别胜离婚。

异地无久恋，要牢牢记住啊。

❷ 她为什么会这么惨

异地恋的情况比较复杂，我会用几个不同人物的案例，来讲讲不同的异地恋情况和解决办法。

上面那一节，我们说了异地无久恋。所以，当你真的在为一段异地恋而付出的时候，请尽可能地想办法在一起。

而就算是在一起，也并不是那么简单的。我们所见到的异地恋，绝大多数情况下，都是女生作出牺牲，放弃事业，告别家庭，跑去男方工作的地方生活。

这样真的好吗？会不会遇到什么问题？我们看下面一个新的案例。

这个姑娘我们叫她小甄，广州人，算是祖上几代人都居于粤地，小甄的成长、读书、工作都没有离开过这个地方。

毕业后，小甄进了当地一家全国知名的大报社当记者，收入和职务虽然都不算很高，但即使在城市里面，也是不错的水准。实际来讲，每年十万左右的收入还是有的，再加上父母已给她买好了房子，她的整个生活都是无忧无虑的，也很惬意。

问题出现在一次异地的工作中。她在北京无意间认识了一个男人，这个男人也是到北京出差的，是苏州一个日资公司的主管。两人年纪差不多，也对上了眼，在北京吃了顿饭后便互相念念不忘。

那个男人回到苏州后，便开始和小甄网上联系。异地恋在刚开始的时候，总是很容易把人追求到，因为网上的陪伴能把最初的感情急速地培养起来。

果然，不到几个月时间，他们就在网上确立了恋爱关系。这时候，两人都没有考虑异地恋的问题，只知道相爱了，非对方不行。

于是，两个人隔三岔五地跑到对方的城市去，差不多会各自出一半的时间，这样他们一个月会见四次，每个周末都在一起。幸亏广州和苏州都是很好很美的城市，他们在两地都挺习惯，而双方父母对于对方也慢慢开始接受。

这段恋情一开始时，虽然是异地，但并没有出现太大的问题。

但问题很快就出现了。

男人再翻过年头就三十岁了，他的父母急着让儿子早点娶妻生子。男人觉得自己反正要结婚，现在也认定了这个姑娘，那就干脆求婚吧。

于是他突然飞到了广州，在大庭广众之下求了婚。小甄被这突然的惊喜击中，高兴地答应下来。

这所有的一切，都可以因为激情而发生。但现实问题又摆在了他们面前，求婚是求了，答应也答应了，但究竟该在哪里结婚呢？两人结婚后难道也要像现在这样分居两地，做周末夫妻吗？

男方父母坚决不同意儿子离开苏州。在老人看来，嫁鸡随鸡嫁狗随狗，结婚当然是女人到男方这边，更何况男人这边事业很有基础，根本不可能放弃。要是娶媳妇娶得儿子都没了，老两口是坚决不能接受的。

而小甄的父母呢？虽然没有那么坚决，但心里还是舍不得。毕竟女儿是土生土长的广州人，连读书都没离开本地，这辈子都没有远行过，这突然之间要去苏州，太让人难过了。

不过这僵局并没有持续很久，小甄在男朋友的劝说下很快就妥协了。她迅速地辞去了报社记者的工作，收拾行李，跑去了苏州。

刚到苏州的几个月里，男方父母对小甄特别好，简直比对亲闺女还要好。这让小甄彻底打消了疑虑，于是又紧张忙碌地操持着结婚的事情。

虽然说是和男方父母一起住，但房子不算小，婚后的生活倒也还过得去。本来小甄想要在本地找工作的，但老公不知怎么突发奇想，说是要进行网络创业，开一个本地的团购网站。

那年，团购网站正火热，到处是投资人捏着钱投网站。小甄的老公在外企做了那么久，还真认识一个投资人，给他投了一百万的天使资金。

大家一商量，与其出去给外人打工，还不如在自己公司里给老公打工，小甄一想也对，于是放弃了找工作的想法，开始替老公努力做好公司。

中国人的事情就是这样，一窝蜂地来，又一窝蜂地走。一年里，全国团购网站开了几千个，有几个是真的能赚钱的？做了一年半，公司毫无进展，员工一个个离职，最早投资的钱早已花完，甚至自己家里的存款都搭进去几十万，最后还是没有起色，只好关闭公司。

创业的失败，对小甄夫妻俩的打击特别大。两人都没了工作，只能待在家里面颓废。见儿子变成这个样子，男人的父母开始有想法了，甚至觉得是娶了这个老婆后，儿子的运气才会变差的。

婆婆开始对小甄挑三拣四，觉得她白吃饭不干活，又不赚钱，整天待在家里无所事事，于是开始对她横挑鼻子竖挑眼，要求小甄开始做家务。

小甄虽然不是好吃懒做的人，但从小也是娇生惯养，确实不太会做家务，而且嫁过来之后，也从没有说过让她干家务，这突然之间说她游手好闲，可老公不也闲着吗？

小甄倒是答应做家务，但却要老公一起做。这下公婆更看不惯了。他们对儿子那是一个宠啊，向来是连碗都不舍得让儿子洗一个。这下好了，公婆和小甄之间的战争彻底爆发，到最后几乎都快要翻脸了。

老公夹在中间也难做人，只好哄哄老婆，让老婆去找份工作，不待在家里总要好一点吧。

但这工作又岂是说找就能找到的？小甄的工作经验和学历都是和新闻有关，而现在进报社比从前难太多了，根本不是一时半会儿可以搞定的。

看到小甄连工作都找不到，公公婆婆就越发看不起她，觉得小甄一无是处，完全就是好吃懒做在家里吃干饭的。到最后，他们老两口做主，替小甄找了个在工厂看自行车的工作，月薪八百元。

小甄简直惊呆了。她一个新闻系本科生，以前冲在前线的大报名牌记者，居然跑到这儿来给人看车子，这比侮辱还要侮辱。

看到小甄不愿意去上班，公公婆婆更认为这是个懒婆娘，对小甄开始斥责和辱骂起来。

矛盾完全激化。小甄哪里受过这种气？被骂之后也开始还口，和公婆吵成一团，到最后，她老公气急败坏，打了她一耳光。

事情至此，就再也无法收拾了。小甄当晚就回了娘家。她父母听到女儿在外地被公婆欺负，还被老公打，迅速崩溃。两家人互相指责，最后只得离婚收场。

A. 为什么好好的恋爱会变成仇恨？

小甄和老公自然是真爱，但最后也是真吵架。明明开始是好好的恋爱，为什么最后会变成仇恨呢？

这里就要重新说一下爱情和生活之间的区别了。

我们总是把谈恋爱时的激情当成一辈子的事。但实际上，这不过是一段时间的事。激情过了之后，生活还要继续，而这继续的生活是没有激情的，是残酷的，是现实的，是有各种人物的心理活动的。

譬如说，小甄当初爱她老公爱得死去活来，愿意为对方辞去工作，离开父母，远去一个根本不熟悉的城市，这就是激情。

小甄的公婆当时很感动，当时对儿媳妇很好，完全把她当女儿看待，这也是激情。

但这激情显然没有持续很久。当生活露出了本来面目的时候，一切都改变了。

对父母而言，儿子当然比媳妇重要。对儿子恨铁不成钢的愤怒，会转嫁到媳妇的身上，从而埋怨对方。

而对小甄来说呢？她在来苏州之前，根本就没有考虑过自己和公婆之间能不能住一起的问题。

生活是什么？生活就是当你考虑得不够多时，必定会给你一个狠狠的耳光。

小甄没有考虑到在新的城市靠什么生活；没想到工作会很难找；没想到依附在老公身上会没有好下场；没想到公婆会变脸色；没想到居然会有人给她介绍八百块钱一个月看车子的工作。她什么都没有想到，自然会有如此的悲惨遭遇。

B. 永远不懂感恩的人们啊！

那么，小甄的老公呢？既然女人当初是去投奔他的，难道就没有一点表示吗？难道就不知道该承担什么样的责任吗？

其实，刚开始的时候，小甄的老公是很感动的。但注意哦，只是感动，而感动同样是一种激情，是一种情绪，也就是来得快，去得也快。

在异地恋的状况中，我们见过许多女方作出重大牺牲，但这种牺牲，大部分都得靠女孩自己承受。

因为只有付出的一方才懂得自己失去了什么，才懂得珍惜。

而没有付出的那一方，永远也不会了解对方为自己牺牲了什么，所以他们只有感动，不会感恩。

小甄放弃了报社的工作，放弃了一年十万的收入，放弃了父母，放弃了朋友，放齐了一切熟悉的生活。

对此，老公一家当然感动甚至感谢，但要他们感同身受，可能吗？不可能。因为他们并没有如此付出过，也不知道究竟是多大的牺牲。

就算小甄放弃了这么多东西，可在公婆眼里，永远都比不上让老公洗一个碗的罪过大。

明白吗？他们的利益点永远是自己的孩子，自己不付出就好了，你付出过什么，只是已经付出的。

你曾经的优秀，只是曾经的，在他们眼里，只会看到现在。

你曾经的背井离乡，也只是曾经的，在他们眼里，只看到你吃他们的，用他们的。

所有的一切，都已经过去了，就不作数了，没有人会理解你的伤痛，也没有人会懂得你的人生改变了什么。

对于为什么你会变成现在这样的一事无成，他们不会理会的，哪怕这个原因正是他们。

而且，让我们感到悲伤的是，这还不能算是自私，只能算是人性。

在人性里面，这么想是正常的，不这么想才是很奇怪的。

是啊，做父母的为什么要忽视亲生儿子，而为儿媳妇出头呢？做老公的为什么要忽视父母，而为老婆出头呢？

从他们的立场来看，这一切都是对的，错的反倒是你了。

明白了吗？一切的付出都是徒劳的，最后你得到的只是一个错和另一个错。

C.付出多少和守住多少。

怎么弥补这样的错呢？如何才能避免被不感恩的人伤到呢？

最好的方法，当然是不去咯，这个我们在下一节会重点讲。但说起来，许多姑娘就算知道该怎么做，却还是忍不住。

你要让她们别去牺牲，她们却依然会像飞蛾扑火一样，劝也没用。

所以，这里就要讲一下，如果你真的像飞蛾扑火一样扑到了男人那边，该如何做，才能不像小甄一样犯傻，不会像她那样失败。

主要有这么几点需要做到：

首先，要确认未来不会和公婆住在一起。这一点很重要。我跟无数人说过了，结婚就是从以前的家庭里出来，组成一个新的家庭。和父母住在一起是中国人的陋习，从心理学角度来讲，就是相见好，相处难。

因为公婆和你老公，本来就是一个稳定的家庭结构，你突然加入进去，不是变成了一个新家庭，而是你进入了一个旧家庭，你是外来的。

刚开始，大家都把你当成客人，自然客客气气的，但时间一久，问题就出现了。

你的出现，破坏了从前家庭的平衡，破坏了他们很多的习惯，而且你们的利益点是不同的。

在婆婆心里，儿子是第一位，老公是第二位，你在家里只能排到最后。而在你心里，老公是第一位，婆婆也是排在后面的。

双方的基础利益点根本不同，当老公这里出现问题时，就一定会爆发矛盾。

家庭内众人的基础利益一定要相同，否则到最后一定会吵架。与其未来一直吵，还不如在最初的时候就讲好分开住。

其次，一定要开始新的事业，并且要比从前的更好。这一点很重要。小甄的悲剧就在于，她一直依附于老公，依附于公婆，所以她说话不硬气。不管从哪个角度来看，没有工作总是不对的，你在家人面前也硬气不起来。

也许有人会说，小甄是为了老公才放弃好工作的啊。是啊，但你可以不放弃啊，你能做到吗？既然已经选择了牺牲，那么这一点就没有资格拿出来当理由说。

是你自己要放弃的，是你自己要去的，这个事情谁都怪不着。而想要在公婆面前说话硬气的唯一方法，就是从一开始就全心全意地在那里找工作，并且要找个比从前更好的，能够让公婆都觉得脸上有光的工作。

千万不要去想什么人好就行了这种鬼话。人活到最后，都是很俗的。若是小甄到了苏州以后，也一直在做大报记者的工作，她公婆会看不起她吗？如果她老公的公司关闭后，是小甄在养家糊口，公婆还会跟她吵闹吗？巴结都还来不及呢。

人性就是这样的，你觉得这很黑暗，那只是你没见过更黑暗的，这是人性的本质，利己自私和拜高踩低。

所以说，女人即使把爱情看成所有，也依旧要有自己的事业，重点是达到一个平衡点，都不需要太好，但都要抓得住拿得起，因为这才是你自己的东西，别人抢不走。

最后，也是最重要的一点，那就是永远也不要花你公婆的钱。这里讲的当然是平时的生活费，买房结婚之类的大钱不算在内。

就算是你老公从父母那边拿钱，然后你再用老公的，效果也是一样。生活费是一件长期的事情，而你从公婆那里拿钱来用，用一笔大的和十次小的，绝对是小的次数多的让人记忆深刻。

父母自然不会怪儿子用自己的钱，到最后被责怪的只会是你，也只有你会被恨屋及乌，认为你是吃他们、用他们的罪魁祸首。

所以啊，你要学会坚强独立，学会赚钱，实在不行，哪怕用自己爹妈的，也不要用公婆的。

花老公钱天经地义，但在公婆面前，这口气一定要撑住了。

❸ 他为什么会这么爽

讲过了小甄的悲惨遭遇，我们现在来讲另外一个男孩的案例。从某种意义上来说，这是另一个极端的例子。

这个小伙子叫小夏，内蒙古人，长得高大帅气。但因为家境不太好，所以从小没怎么上过学。不过小夏却不是没有文化的人，平日里看了许多书，还练得一手好书法，算是个自学成才的文化青年。

但因为小夏没文凭，所以找稳定的工作比较难。幸亏他出道早，朋友多，所以倒也不愁吃穿，周游全国地打工，居然过得也不错。

在七八年的时间里，小夏待遍了半个中国，始终都没有真正停留下来。

在厦门的一站里，他在鼓浪屿以替人画画为生。这时候，他认识了个叫小虹的姑娘，两人也算是一见倾心，但当时并没有交换联系方式，只是当成了萍水相逢。

但分离后，小夏越来越觉得对小虹情深难忘，几乎到了夜不能寐的地步。于是，小夏开始疯狂地寻找梦中情人，从记忆里翻出一切的可能性，在网上到处寻找，就差登寻人启事了。

虽然只是画画时短短几小时的聊天，好歹还是留下了些线索。花了几个月的时间，小夏终于成功地找到了小虹。

而小虹发现有个男人竟然如此找自己，也是很感动。

这里要介绍下小虹，她是个非常典型的杭州小姑娘。杭州姑娘一般是什么样的呢？首先都不难看，然后家境一般都还可以，所以从小娇生惯养，不做家务也不受欺负。杭州姑娘基本上是不会离开这个城市的，无论读书还是工作都会在本地，找老公也不太会找外地人。

小虹自然没有考虑过找外地人，但却被小夏的行为感动了，与他在网上聊了起来。

之前就说过，女孩的心门一旦打开，那么陪伴就会变成一件很有效的事情。小夏天天和她在网上聊天，很快就得到了姑娘的芳心。

两人谈起了网恋，但在这个过程中，小虹还是犹豫不决的，原因是两人身处异地，小虹觉得自己根本不可能跑去别的地方，所以两个人不会有结果。

在这种心理作用下，小虹就不敢对别人说自己恋爱了，也不敢对父母说自己的状况。

而看着女儿年纪越来越大，父母当然会很着急，所以开始陆续安排相亲等活动。小虹就陷入了两难的境地。接受吧，她心里却还有小夏；拒绝呢却又没有理由。

苦恼的小虹把这些事情讲给男朋友听。小夏一听之下，立刻作了个决定，他要从厦门到杭州，并且要在杭州找一个正经的工作定居下来。

虽然小夏本来就没有落脚点，但想要定居在杭州绝对是人生的一个重大改变。

男朋友要做出这种冲动的举动，小虹虽然很感动，但还是不敢点头。女孩子想得比较多，她怕就算小夏来了，她依旧无法给对方承诺。

但即使是这样，小夏还是毅然决然地跑到了杭州。这个时候，就显示出小夏成熟男人的一面了。他到杭州之后，并没有对小虹死缠烂打，也没有天天跑去谈恋爱，他先解决的是自己的生存问题。

第一个礼拜，他住在杭州的朋友家里，所有的精力都放在找工作上面。小夏虽然没有文凭，但其实有文化，而且多才多艺。没多久，他就找到了一个不错的文案工作，月薪虽然还不是很高，但至少是有收入了。

于是，他拿出积蓄，在杭州租了一个两居室。正式上班的第一天，他就让小虹去公司里看他。

小虹跑到那边，看到男朋友果然是努力地安稳下来，这种牺牲和付出，让小虹又是心酸又是感动。

这个时候，小虹也下了决心，要好好地珍惜这段感情。

于是，小虹不再对身边的朋友隐瞒她和小夏的关系，过了几个月，还鼓足勇气把小夏带回了家。

说句实话，父母见到小夏的第一面是不满意的。这个倒也无可厚非，任何父母看女儿带回来一个毛头小伙子，没有学历，没有好工作，没有房子，也不是本地人，这简直是全无人员，第一反应大概是女儿被骗了吧。

不过，小夏倒也不气馁，他还是隔三岔五地往女朋友家跑，帮忙做做饭啊、做做家务啊。小虹父母虽然不满意，但也没有反对两个人交往，时间久了，发现小夏也还是个正正经经的人，而且确实有落地生根、好好对待小虹的意思，于是对他也越来越能接受。

到了快要谈婚论嫁的时候，小夏很干脆地把自己的存折交给了未来的岳父岳母，告诉他们，虽然自己现在还没有能力买房子，但是几年后，就一定能攒出首付的钱来。

其实做父母的，早就给女儿准备好了房子，要看的，无非是女婿的心意而已。如今见女婿的表现很好，而且工作方面也是蒸蒸日上，便也没什么计较，直接把给女儿留的房子当了婚房，允许他们结婚了。

到如今，好多年过去，小虹早已生了孩子，小夏在杭州也已经升到了部门经理的职务，两人也有了钱，买了新房子，日子过得甚是幸福。

拿小夏和小虹的故事，再去对比上面说的小甄的故事，我们会发现，明明是一样的开头，却有不一样的结局。或许我们可以用遇人不淑来解释，但为什么几乎是相同的起源和过程，只不过异地恋中作出牺牲的人不同，结果就不同呢？

A. 异地恋法则。

我一直在说一条异地恋的法则，那就是在异地恋中，如果女方放弃一切，离开家庭，去投奔男方的话，分手率会达到七成以上。而如果反过来，是男方毅然决然地跑到女人这边，那么组成稳定家庭的可能性也会达到七成。

这个法则刚开始提出的时候，我们也觉得很奇怪，而且最初的时候提出的概率各为六成，但随着观察的时间越来越长，收集到的案例越来越多，这个概率被调整到了七成左右。

我们经常看到的情况是，某个女孩子兴高采烈地辞职，问她做什么，说要去找男朋友，然后等于是眼睁睁地看着一个悲剧在上演。这个时候，你劝也没用，只能目送着她离去，默默为她祝福。

而一年后，至多两三年，这个姑娘就会哭泣着跑回来，说男人这个对她不好，那个对她不好，说公婆怎样怎样。

问她想怎么办呢？这时候其实她早就没了选择，因为对方把她赶了出来，想不分手都不行了。

女人为了感情漂泊到另一个城市，就像是一个诅咒，她总是有很大的可能被这段感情伤害。因为这个女人是无根的浮萍，她所有的支柱只有一个男人，男人若是出了问题，她的世界就崩塌了。

B. 女人是感恩的动物。

那么，为什么反过来，这件事情就会变成好的结果呢？这还是我们上面所说的，懂不懂感恩的问题。

与男人完全相反的是，女人是一种感恩的动物。当然，也不能说所有女人都会感恩，但女性在这一方面总是要感性一点，感恩的比例要大一些。

绝大多数女人，往往会活在回忆里，这说明什么呢？说明女人对于曾经发生过的美好总是念念不忘，而这种深深的记忆，让女人会记得感恩。

小夏放弃了曾经的过往，漂泊到杭州定居，这件事情，对于小虹而言，是一个不应该发生的事情，但发生了，所以很浪漫，她感动并且感恩。

而小甄从广州跑到苏州，牺牲可能更大，但她男朋友和家人并没有那么感恩，为什么呢？因为他们觉得这是应该发生的事情，是小甄应该做的事情，所以毫无恩情可言。

这就是区别了。

小虹对于男朋友所做的事情，每一件都记得清清楚楚，她总是希望自己也可以做一些，能让男朋友轻松一点。

当小夏在杭州努力工作时，小虹很心疼，也会照顾好男朋友。

而反过来呢？小甄跑到了苏州，没有人记得她做过什么，只是让她去为老公打工。当事业失败时，也没有人问小甄好受不好受，只知道让她继续作出牺牲。

一个能感受到对方所做的一切，而另一个觉得是天经地义。

不要为不会感恩的人做任何事情，这就是理由。

C. 女人有根男人有才，都会过得很好。

最后，从心理的角度来说，每个人都应该有自己的安全感，这样组合成的家庭才可以更加稳定。

而人们的安全感来自何处呢？是来自于自己最重视的东西。

女人最重视什么？是自己的家人。而男人最重视的是什么？是自己的事业。

所以，从这个角度来看，女人需要有根，男人需要有才，这样在一起，才会过得很好。

小甄最大的问题，就是离开了自己的根，跑到苏州去，举目无亲，没有工作，没有父母，没有朋友，整个人都是漂着的，最后出的任何问题，都是大问题，因为没有人可以帮忙。

而小虹却全然没有这个担心。她的家人在，房子在，工作在，朋友在，现在多了一个男人在，是锦上添花，不会因此而整个世界崩塌。

而反过来看呢？小夏有才，他到哪里都可以活得很好，无非是换个地方换个工作而已，才华是在自己身上的，谁都夺不走。这类有才男人的安全感，根本不会因为某个工作的改变而失去。

小夏和小虹的故事，之所以可以避免小甄的悲剧，就在于此。

❹ 异地恋的三项注意四大纪律

A. 注意自己的人生会不会变得更好。

异地恋有三项注意四大纪律，把这些事情都做到了，也许你的异地恋就能变成完美的恋情。

首先，就是要注意你的人生会不会变得更好。

什么叫人生会变得更好呢？这件事当然是见仁见智了，但千万不要跟我说，嫁了这个男人后人生就会变得更好。

请把爱情和婚姻这两件事情排除，然后再看看异地恋之后，不管是你去还是他来，是否都能给你们带来更多的东西。

譬如说，小城镇的人嫁到了大城市，譬如说你可以嫁到国外，这从某种意义上来看，人生都会变得更好。

再譬如说，搞音乐的人原来是在成都，但结婚后到了北京，有更多的展示音乐才能的机会，这当然也是变得更好了。

我们大家都可以明确的是，异地恋一定会改变人的生活，不管是你去还是他来，到一起必然是最终的结果。那么，有一个人或者两个人的生活是肯定会被改变的。

所以，重点就在于，被改变后的生活是改好了，还是改差了。

若生活改差了，那千万不要去，就算再爱也不要去，宁可对方过来。在这方面，我们有过太多的案例。

去年，我在东方卫视的《东方直播室》里，遇见一个哭诉男人对她不好的。他们也是异地恋，姑娘是上海人，而男人是东北比较偏远的农村的人。两人结婚后，女方跟着男人回了老家，才几个月的时间，家里就天天打架，闹得家无宁日。

为什么呢？因为男方家在东北，冬天零下几十摄氏度，非常冷，条件不好，又没有地方洗澡，所以每次洗澡都要坐一个小时车去城里的澡堂子。而且要什么没什么，所有的娱乐活动，就是在炕上看电视。

而且男方的母亲还要这姑娘干各种活儿，做不好就又骂又打。

这种生活，对于一个城里姑娘来说是闻所未闻的，突然撞了进去，简直就像地狱一样。

很想对女孩们说，有情饮水饱是对的，但至少也得有水喝才行啊。从前你是喝饮料的，突然之间变成喝脏水，这爱情就算比天高比地厚也没有用。两人可以相爱的基础是什么？是共存于相近的生活中。如果一个在天堂，一个在地狱，那么从天堂到地狱的路，就不是爱情可以填补得上的。

之前我说过一句话，女孩在结婚之后，生活水准要不低于婚前才好。千万不要婚前能吃个牛排，婚后却连KFC都吃不起，那结婚就是受苦，而受苦的婚姻，对于人生是毫无好处的。

为爱情作出牺牲是可以理解的，但如果这种牺牲是一个大坑，把你拖下去后永远没有看到光明的时候，并且没有人会理解你，那这种牺牲是为什么呢？

不要把每段爱情都当成飞蛾扑火，你父母把你生下来，不是让你去扑火的。爱谁是你的问题，但吃苦后要为你收拾残局的却依然是家人。

让家人省点心吧，就当孝顺了。

B. 注意对方只关心自己还是关心家庭。

异地恋的第二个注意，是要研究一下，对方关心的究竟只是自我，还是真的把你当成了家庭的一部分。

之前就已经讲过，婚姻的本质是什么，就是一男一女两个人，离开了原来的家庭，然后组成一个新的家庭。

这个时候，我们都要经历一个思维观念的改变。那就是不再把从前的家庭当成唯一，也不再把自我当成最重要的，而要把新建立的家庭当成人生的重点。

这并不是很容易。对于女孩来说，往往会依恋从前的家庭，而无法完全地投入新的家庭。而对于男人来说，则很容易只在乎自己的感受，而忽略家庭的需求。

譬如说，从前男人为了工作而几乎没有什么睡觉的时间，那么结婚后还是如此吗？让老婆夜夜独守空房吗？

如果这个男人继续保持着以前的工作节奏，那么他想到的就只有自己。如果他为了妻子而改变了工作模式，这才是一个正常的家庭定位。

所谓的家庭定位，就是在思考问题的时候，把我，变成我们。

以前可能是一人吃饱全家不饿，但是现在却要想一下老婆要什么，未来的孩子要什么。

以前可能不用买房照样很舒服，但现在却要考虑家庭的整体居住环境。

以前可能不需要存钱，但是结婚后你存再多钱也不够，还要压缩个人开支。

千万别以为结婚就是两个人合法地睡在一起，结婚是一件需要你为家庭作出改变、作出妥协的事情。

所以说，在异地恋之前，你要先确定这个男人究竟是以自我为中心的，还是以家庭为中心的，是以旧家庭为中心的，还是以新家庭为中心的。

判定的标准也很简单，主要就是两条：

首先，看这个男人在考虑问题的时候，想的是我，还是我们。一直在说“我”的人，通常是自恋及自私的。而懂得说“我们”的人，才是会顾及别人的想法的。

其次，看这个男人究竟为你改变和妥协了多少。有些人光会说，说了又不做，到最后把人骗过去了事。

只要这两条都能做到，那么这个男人基本上算是一个好男人了。

C. 注意是异地恋还是异地骗。

最后一条注意，就是要看你究竟有没有遇到骗子。因为在这么多年的统计工作中，我们发现网恋越来越不靠谱，基本上网恋导致的异地恋有八成是骗子，目的只是为了上床，而不是为了结婚。

当你在网上遇到一个很合适的人时，他始终在网络端和你交流，自然也是各种关心、各种体贴，但是你要注意了，这个男人在你身上其实并没有半点的投入。

男人对女人的投入分为三种：首先是时间上的投入，其次是物质的投入，最后是情感的投入。

对一个连面都没见到的人，你以为对方真的会对你投入很多的感情吗？这几乎是不可能的。虽然对于感情来说，外貌并不是所有，但外貌显然是一个基础。虽然两个人不需要面对面就能相处，但没有在一起的温暖，通过网络而表述出来的感情，只是语言上的感情，而不是真心。

另外，对方对你有物质的投入吗？基本上，网恋的物质投入是零。我从前在几本书里都说过，男人想要找女人上床，要么用钱，要么用权，要么就用感情。如果一个人可以用钱来搞定姑娘，他绝不会用网恋这么低效率的手段。

所以，结论就在最后了。他有没有在你身上花时间呢？这个问题的答案似乎是有。但你又搞错了，网恋花的时间计算方法是不同的。

你看起来，他似乎整天都在陪着你，但实际上，他陪你的同时，还可以陪着其他人，因为网络不是面对面的，是可以一对多的。你以为对方只是在陪着你聊天，可谁知道他是不是还有七八个好妹妹一起聊呢？

如何确定是异地恋，而不是异地骗，方法也不是很难，主要做到以下三点就可以规避：

首先，一定要推迟上床的时间。之前就说了，异地骗的最终目的是上床，上床这件事情结束后，他就会迅速消失。如果你一再地延后上床时间，让他觉得这件事情无利可图，或者时间成本付出不值得，对方就会被迫退出。譬如说，你在网恋中坚持，必须在婚后才能发生性行为，并且在行动和语言上都不给对方任何机会，这样就能坚壁清野，拒敌于千里之外。

其次，一定要多见面，用实实在在的时间成本来杀灭一切骗子。因为网络骗子往往是一对多的，也就是说，他们几乎不可能经常性地在现实里陪同一个姑娘，只会在网络上陪伴。现实里见一次就要有一次上床的机会。如果你既不和人上床，又要人在现实里陪你，那这种徒劳而没有回报的事情，就只有真心喜欢你的人才会做。

最后，一定要让对方付出金钱成本。有些姑娘很好玩的，谈个异地恋，别人要过来找她，或者她去找别人，最后连机票都是姑娘买的，房间也是姑娘花钱订的，这种所谓的恋爱，可想而知必然是个骗局。我们不是说非要让男人花了钱才是真的，但这种连个路费都要别人掏钱的男人一定是有问题的。当你让一个男人经常付出金钱成本，而又不愿意让他占便宜，他都能忍受，恐怕对你是真的有感情。

D. 不地下情、不住男人家、不花公婆钱、不游手好闲。

最后的四大纪律是什么呢？

首先是不地下情。为什么不能地下情呢？我经常会说，不管对方提出的理由是什么，让你同意地下情的真正原因只有一个，那就是对方还不想放弃整片森林。

恋爱就是为了一棵树而放弃一整片森林。但如果有人要这棵树，又不想放弃那一整片森林该怎么办呢？最好的方法就是用各种借口来劝你地下情，这样既能得到你，又不妨碍他有别人。

既然已经是异地恋了，就意味着你很难管着对方，如果再来个地下情，那就是放任他在异地任意妄为了。

所以，不要地下情，尽可能地公开你们的关系。虽然这不一定会杜绝一切出轨的可能性，但至少也会把概率给降下来。

第二个纪律是不住男人家。这一点在上面说得很清楚，你住在男人家里，就等于是侵入了别人的家庭，你是外来者，也是一个不稳定因素。想要形成自己的家庭是不可能的，最后只能沦为别人的附属品，成为负面情绪的倾泻地。所以，要有独立的居住环境，这是一定要注意的。

第三个纪律是不花公婆钱。这也几乎是一个铁律，千万不要因为公婆刚开始对你好就忘乎所以，什么钱都拿来用，到最后跟你秋后算总账，你一点借口都找不出来。不管日子过得有多艰苦，都要咬牙坚持，宁可用父母的钱，也不要花公婆的。你老公爱怎么用和你没关系，但对于你来说，这一点是要坚持住的。

第四个纪律，就是永远也不要游手好闲。越是异地恋的姑娘，就越没有游手好闲的资格。因为你为了爱情而放弃了许多东西，其中的一项就是安适的生活。本来你可以在父母的身边，在一个熟悉的城市里游手好闲地生活，但是为了爱情你放弃了这种资格。既然进入了一个完全陌生的环境，那么你的人生就不可以变成别人眼里最无聊的那一种。你要活出一种新的方式，让新的人、陌生的人都赞叹你、佩服你。

你要让人感到厉害，要让人觉得你确实可以独立地活得很精彩，这样，人们才不会歧视你，才不会把你当作另一个家庭的附庸。

异地恋是很难的，没错，就是难，所以才要全力以赴。

❺ 最后一招

现在，我们来讲最后的一个大招。

在这个故事里，男人小A，姑娘小C，他们是通过网恋认识的。小A是个传统家庭出身的男人，父母都是教师，从小就知书达理，很听家长的话，是那种乖乖的好孩子。

小C却恰好相反，她是个个性独立的姑娘，从高中开始就离家索居，大学更是到别的城市闯荡，几乎没有什么可以令她停下脚步，也没有谁是可以管住她的。

有时候就是很奇怪，越是性格差距大的两个人，就越是有可能互相看对眼。小A和小C就是。他们虽然一开始并没有觉得对方有什么好，但是网上聊了一段时间之后，居然越来越感觉到对方的优点。

小C从小A身上看到老实、诚恳，这是她身边的朋友所没有的。而小A又从小C身上看到了激情和冲劲，这是小A整个人生里都没有过的。

两个人开始网恋，之后又见了几次面，反倒是女孩子更主动一些，但同时又带动了男人。

在这段恋爱中，两个人找到了和自己以往完全不一样的生活激情，于是很快，他们开始谈婚论嫁。

这个时候问题就出现了，那就是该谁去谁那边发展呢？

对于小A的家人来说，这个问题根本就不成为问题。一个传统的家庭，崇尚的是父母在不远游，如果谁敢提出男人去女孩的城市，那简直就是上门女婿，是大逆不道的事情。所以小A的父母就提出，要结婚就来这个城市结。

而小C呢？她倒是可以远游的，父母对于她嫁到远方也有一定的心理准备。可是小C自己不愿意，一方面她不喜欢小A所处的城市，另一方面她本来就是个逃离家庭的人，就连她自己的父母她都逃离了，又怎么会心甘情愿地去让未来公婆管着呢？

一个是追求自由的人，另外一个是家里的乖孩子，两人的问题顿时就无解了。

就在大家觉得这个事情肯定要黄掉，甚至小A的父母都开始准备给儿子介绍姑娘了，一个突如其来的事情发生了，小A忽然离家出走，跟着小C跑到北京去工作了。

这个变化让大家都感到匪夷所思，因为这两个人原本都在各自所处的城市，离北京十万八千里，怎么突然之间两边都不留，跑到北京去了呢？

小C的父母很不解，小A的父母更是发疯似的找儿子。但最终，子女也都没有回去，两人反而在北京扎根落户了。

在父母的疑惑中，小A和小C停留在北京两年，咬紧牙关买了房，一副绝对要做北京人的样子。买房之后就迅速地结了婚，这个时候，父母再说什么也不合适了，只好默认。

又过了几年，两人生了孩子，父母那边就只能完全接受了，虽然说这不是个很完美的结果，但对于小A父母来讲，毕竟儿子现在去了个更大的城市，而且过得比以前好，就算是不好里的好结果了。

于是朋友们在恭喜两人的过程中，也问了一下，到底这个事情是如何发生的。始作俑者小C才慢慢道出事情的原委。

当时的情况确实很危急。虽然两人之间是有感情的，但小A是个听话和被动的人，而小C又是个固执的人，所以事情眼看就要往不好的方向发展，再过段时间，他们可能只有分手这一个结果。

小C左思右想，最后终于想到了一个办法。这个办法的前提是公平原则。什么是公平原则？那就是不去你们那里，也不去我们那里，两个人去一个更好和更大的城市定居，离两边都有一定的距离，但对于新家庭而言是很好的。

其次是一个有利原则。也就是说，去这个城市不只是对小C有好处，必须对小A更加有好处。因为小A的工作性质，在越大的城市就越有发展潜质，到了北京这样的文化中心，他完全就属于进入了发展的快车道，所以这个事情可以给小A一个很大的动力，这就是有利原则。

最后是一个主动原则。即使是有了前面这两条，但如果没有人来推动的话，最后还是不会成功，因为绝大多数男人都是被动的。像小A这样的男人，更是被动里的被动，你推他都不一定动，要他来做简直不可能。所以小C用自己的朋友关系，提前帮小A找到了一个很适合他、比从前好许多的工作。事业上的诱惑、对于新生活的期许，这两件事情终于打动了小A，让他勇敢地迈出了这一步。

最后的一个大招，就是让异地恋进入一个新世界，两个人全都抛弃旧有的生活，而进入一个更好的生活模式里面。

大家要记住的是，在这件事情里，起主导作用的往往不是男人，因为男人是习惯性的动物，他们会被自己的习惯给捆绑住，而不愿意尝试新鲜事物。所以，作为女人，反而要起到第一推动力的作用。

用女人的力量，来为爱情保驾护航，这大概是异地恋所可以见到的最好的结果。